Tatiane de Sá Manduca &
Saulo Durso Ferreira

SERÁ QUE É AMOR?

Copyright© 2023 by Literare Books International
Todos os direitos desta edição são reservados à Literare Books International.

Presidente:
Mauricio Sita

Vice-presidente:
Alessandra Ksenhuck

Chief Product Officer:
Julyana Rosa

Diretora de projetos:
Gleide Santos

Capa, diagramação e projeto gráfico:
Gabriel Uchima

Revisão:
Rodrigo Rainho

Chief Sales Officer:
Claudia Pires

Impressão:
Gráfica Paym

Dados Internacionais de Catalogação na Publicação (CIP)
(eDOC BRASIL, Belo Horizonte/MG)

F383s   Ferreira, Saulo Durso.
       Será que é amor? / Saulo Durso Ferreira, Tatiane de Sá Manduca. – São Paulo, SP: Literare Books International, 2023.
       232 p. : 14 x 21 cm

       ISBN 978-65-5922-621-4

       1. Amor – Aspectos psicológicos. 2. Psicologia. I. Manduca, Tatiane de Sá. II. Título.

       CDD 152.4

Elaborado por Maurício Amormino Júnior – CRB6/2422

Literare Books International.
Alameda dos Guatás, 102 – Saúde – São Paulo, SP.
CEP 04053-040
Fone: +55 (0**11) 2659-0968
site: www.literarebooks.com.br
e-mail: literare@literarebooks.com.br

MISTO
Papel produzido a partir de fontes responsáveis
FSC® C133282

DEDICATÓRIA DA TATIANE MANDUCA

Fazer a dedicatória de um livro que fala sobre o amor me leva a retornar às tantas fontes de amor que tive ao longo da vida, ao amor que recebi, ao amor que sinto, que expresso, que recebo hoje, que retribuo, em suas formas diferentes, cada pessoa a quem amo por um traço particular me ensinou algo próprio do seu amor.

O amor é condição de vida e, assim sendo, cada passo do meu crescimento foi possibilitado por algumas dessas pessoas que me amaram e que amei, que me ensinaram e continuam me ensinando algo valioso do amor.

Inicialmente agradeço aos meus pais e ao meu irmão, assim como a outras pessoas importantes da minha família. Aos amigos e companheiros de trabalho, aos amigos que se tornaram família, esses os quais se fizeram presentes como símbolo no capítulo sobre amor e amizade.

Agradeço ao meu marido, meu companheiro de vida, por sempre apoiar meu trabalho e estudos, que, com sua disponibilidade amorosa e interessada, expressa o amor e cuidado pelos detalhes cotidianos, tal como as conversas na varanda noite afora e trocas bonitas sobre as etapas da construção deste livro.

Muito do que sei do amor teve como fonte a maternidade, nascente desde o meu desejo em me tornar mãe. Agradeço ao meu filho que, mesmo antes de nascer, dentro da minha barriga já me mostrava o quanto o amor é generoso e as variadas facetas do amor que até então desconhecia. Indescritível foi a explosão de amor quando ele nasceu e peguei-o em meus braços pela primeira vez, e de braços dados seguimos a cada descoberta, como a que me faz cantar todas as noites desde que nasceu. "Você é a minha melhor canção, carinha!"

Ao Saulo, pelo trabalho que juntos construímos, das supervisões às conversas em um grupo de estudos sobre o Seminário 8, em que chegamos à conclusão de que "na clínica só se fala de amor".

Ao Maurício, da Literare Books, pelo apoio e aposta no livro desde nosso primeiro contato com ele.

E, por fim, dedico a cada um de vocês que insistem e persistem no amor, para quem se aventura nos riscos de amar, para quem escuta canções de amor, para quem procura o amor nas poesias, onde o amor estiver, que este livro possa estar junto. Onde faltar amor, que este livro possa levar uma semente.

Tatiane de Sá Manduca

DEDICATÓRIA DO SAULO DURSO FERREIRA

Tão incessante quanto compreender o amor é escrever sobre ele.
Não nos faltam autores para enredá-lo na construção do saber psicanalítico, o fato é que não há outra maneira de compreender o amor e a existência humana que não seja pela relação própria com um outro, aliás, tantos outros que nos habitam nas diversas relações amorosas e fraternas que vivemos durante as nossas vidas.

Escrever sobre o amor é experienciá-lo, em suas variadas expressões, vivê-lo na prática nas trocas, deixar-se tocar por ele.

Se por meio do amor de transferência se produz a cura, fora da clínica a curadoria é com pessoas que são importantes para nós, essas são investidas de nosso amor e nossos afetos, e são a elas que nos constituímos como sujeitos, com elas podemos amar e nos tornar amáveis, sabendo que o contraste também pode acontecer.

Dito isso, não seria possível abarcar o tema do amor sem que dele eu não me tornasse instrumento, este que me leva a produzir novos acordes, a partir da ressonância de cada encontro, para cada pessoa que dirijo o cuidado que custa nada menos que o meu ser.

Decantado pela experiência de amor, não poderia tocar solo, sem que antes fosse tocado pelas experiências primordiais de amor, que cedem lugar e me conduzem ao amor pelo saber psicanalítico, pela música, pela arte poética em ensinar àqueles que confiam a mim suas perguntas, mas sobretudo por aqueles que diariamente escolho conviver e partilhar a vida.

Dedico este livro a todos que amam, a todos que amo e àqueles que desejam amar e serem amados e continuamente buscam o amor e possam SER por meio dele.

Aos meus pais e minha irmã, que me amaram e que me fizeram amar.

À minha esposa, pela paciência, parceria e tantos detalhes pequenos de nós dois, nossas músicas, risadas etc. Ao meu filho, que me torna uma pessoa capaz de amar e aprender a cada dia sobre o amor, que com suas qualidades brincantes faz-me brincar, contar histórias, escutar os pássaros, criar e aprender novas palavras e musicá-las, tornando outras mais belas como me captura a canção, é o imenso amor fortuito e dedicado que me ensina a cada dia amar melhor.

A Tatiane, que anos atrás fiz o prefácio de seu livro e hoje chegamos num livro juntos. Uma parceria capítulo a capítulo, escritos a partir de nossas experiências na clínica e enriquecidas pelo efeito da arte em nossas vidas.

Ao Maurício e toda editora Literare, pela confiança e apoio ao livro desde o primeiro contato.

Aos que amo e àqueles que descobri o amor para além da gramática normativa do "eu te amo", e compreendem o sentido íntimo da expressão do amor em cada gesto de cuidado.

Saulo Durso Ferreira

INTRODUÇÃO

O que as pessoas tanto falam entre as quatro paredes do consultório de um psi*? Essa deve ser a dúvida de muitas pessoas, e claro, fica difícil revelar todas as coisas que são ditas, pois cada relato é subjetivo. No entanto, existem pontos semelhantes em quase todos os discursos; existem grandes questões que todas as pessoas num consultório acabam dizendo, seja no começo de um processo, no meio ou no final. Caso fôssemos revelar aqui essas grandes questões, ainda assim teríamos muitas delas, e, sendo assim, decidimos abordar talvez a maior de todas elas, a questão do amor. Não tem uma pessoa sequer que não fale de amor, ainda que indiretamente. É o amor do casal, amor dos namorados, amor dos casados, amor de pais e filhos, amor fraterno; é sobre falta de amor, é sobre o excesso de amor; é sobre a dor de amar, é sobre não conseguir amar.

> *"Falar de amor, com efeito, não se faz outra coisa no discurso analítico."* [1]
> **(Lacan, 1972-1973)**

As pessoas nos contam, principalmente, sobre seus modos de amar e de se sentirem amadas ou não. O amor está

---

* Utilizaremos neste livro o termo "psi" para nos referir a psicólogos e psicanalistas.

em cada detalhe e acima de tudo é o pano de fundo de toda personalidade. Freud, em 1920, descreveu o ser humano dotado de duas pulsões: Eros e Tânatos – pulsão de vida e pulsão de morte. Inicialmente imerso na pulsão de morte, vide a precária condição humana ao nascer, e que se não fosse o Outro, a morte seria certa; sequer a vida começaria. O amor, Eros, a pulsão de vida, justamente é aquilo que neutraliza a pulsão de morte. Sendo assim, o amor e o Outro são curadorias soberanas para o acesso à vida.

AMOR TE CURA!

Curados da morte pelo amor; esse é o começo da vida de todos nós. E assim seguimos a vida, buscando relações amorosas, amar e ser amado.

Nossa investigação será sobre o amor nos discursos dentro do consultório, mas não se limitará ao que está dentro das quatro paredes; afinal, apesar de nossa leitura ser psicanalítica, a Psicanálise sempre chega atrasada; onde quer que o psicanalista chegue, o poeta chegou antes. Isso não invalida ou diminui o saber psicanalítico, porém faz que a clínica escute para além da Psicanálise, que alcance os poetas, a música, as artes. Aliás, muitos pacientes por vezes param de falar em primeira pessoa e utilizam, por exemplo, a música como referência para falar de si, de suas dores, de seus amores.

O amor está em todos os lugares, é fácil se perder no amor e por isso seguiremos trilhas já deixadas por outros que falaram de amor; partiremos de uma das trilhas mais antigas sobre Eros, a belíssima obra de Platão, chamada *O banquete* (380 a.C.). A história conta sobre um banquete, um simpósio, em que um conjunto de pensadores de diversas áreas – filosofia, teatro, medicina etc. – se reúnem para falar de amor, um elogio a Eros; diversos pontos de vista sobre o amor, assim como cada um que deita num divã e conta sobre amar e ser amado.

A palavra simpósio significa "beber com", mas, curiosamente, n'*O banquete* eles misturaram vinho com água, pois estavam de ressaca da noite anterior em que comemoravam a premiação de um deles. Sendo assim, em vez de se embebedar de vinho, se embebedaram de amor, um banquete de palavras para falar de amor.

Apresentaremos a seguir cada um dos discursos d'*O banquete*, ou melhor, um fragmento do discurso e nossas interpretações pessoais por meio de "associação livre", e a partir deles ilustraremos com vinhetas clínicas sobre pessoas falando de amor em diversas nuances: paixão, ódio, medo, raiva, vazio, ciúme, sadismo, idolatria etc. E não nos esqueceremos do rádio, que continua a tocar na recepção, e assim cada história cantará uma música.

Um diálogo entre diálogos sobre amar, ser amados e as intempéries do amor... passando pela escuta em casos inspirados na clínica, articulando o raciocínio clínico sobre o fundo musical de versos e canções por meio da poesia e da arte, nosso protagonista é a Força de Eros.

Tal como canta Milton Nascimento: "Quem sabe isso quer dizer amor", e considerando que é dele que "nasce a fonte do ser", o sofrimento causado pelo desamor muito frequentemente leva muitos à "falta do ser", causando dor e sofrimento quando não nos sentimos amados pelas pessoas nas quais investimos nosso amor.

Mas será que fazemos sacrifícios em nome dele desejosos pelo triunfo, acreditamos que é disso que se trata o amor? Essa é a primeira discussão que levantamos neste banquete de palavras para elogiar o verdadeiro anfitrião: Eros, o amor como propõe Platão nos discursos da obra *O banquete*.

Presente no amor, enaltecemos o olhar; aliás, é ele o portador de nossas pulsões, sabendo que ele tanto nos potencializa quando o brilho dos olhos de quem amamos se dirige a nós, como também cometemos enganos por meio da interpretação feita através do véu que cobre a retina por onde olhamos. Reconhecer a beleza e a grandiosidade de Eros é tão importante quanto lidar com suas ambivalências. Como seres divididos, buscamos algo ou alguém neste vasto mundo de possibilidades e ofertas que nos faça sentir inteiros; afinal, o amor é o caminho que nos levaria à felicidade, mas muitas vezes caminhamos por estradas sinuosas nos encontros e desencontros amorosos, desacreditando dele; então, qual caminho nos levaria ao amor em sua potência? Afinal, como buscamos? E quando encontramos, o que encontramos?

O amor nos oferece a garantia de felicidade que incessantemente buscamos?

A quem devemos exaltar, uma vez que nem tudo o que se diz ser amor nos engrandece? Só há um tipo de amor? Esses são alguns questionamentos que nos levaram a escrever este livro.

Qual é o lugar da paixão em nosso psiquismo, na cultura, fruto da sociedade que nos impõe enquanto ideal de plateia o amor romântico? Teremos tempo para nos demorar e nos debruçar a compreender o maior dos dilemas humanos sem que tratemos o amor como algo tão imediatista em ritmo acelerado, mas como algo que persiste no cultivo com substrato fértil onde brotam as contrariedades desse afeto tão primordial em nossas vidas? Será que há separabilidade entre o amor e a paixão?

No pêndulo entre satisfação e desprazer teremos condições de discriminar quando este se inclina para o sofrimento?

Amor em suas diferentes expressões, amor materno, fraterno, amor amizade, amor por si mesmo e amor pelo outro, amor pelo saber e tantas outras expressões de amor estão reunidas aqui em uma gramática que perpassa o verbo e – como quase todo amor – retrata por meio das histórias o amor em ato.

Referência
1. LACAN, J. *O seminário, livro 20, mais, ainda.*

SUMÁRIO

Capítulo 1
Sacrifício e divinização no amor..................14

Capítulo 2
O amor não é um só 50

Capítulo 3
Dissonâncias no amor 74

Capítulo 4
A necessidade de fazer do amor um só? 94

Capítulo 5
O amor belo e jovem 144

Capítulo 6
Quem sabe das coisas do amor?................176

Capítulo 7
Quando deixamos de ser amados.............. 206

Capítulo 8
Chega de falar de amor? 228

CAPÍTULO 1

SACRIFÍCIO E DIVINIZAÇÃO NO AMOR

DISCURSO DE FEDRO

Fedro é o primeiro a falar n'*O banquete*[1]. A escolha dele como o primeiro a falar decorre do fato de que ele propôs um elogio ao amor nesse banquete de palavras.

O amor, para Fedro, é "o mais antigo dos deuses, o mais poderoso para a aquisição da virtude e da felicidade entre os homens" (p. 45). Descreve a relação de amante e amado; o amante, diante do amado, é capaz dos maiores feitos, mas também, em suas falhas, da maior vergonha. A força de tal par é tamanha que os dois conseguiriam vencer um exército inteiro sozinhos, e ainda que não pudessem vencer, o sacrifício de um pelo outro seria divinizante. Para exemplificar, Fedro apresenta a história de Alceste, que aceitou morrer em lugar do marido, e os deuses, tocados por tal ato de amor, a ressuscitaram. Ele também fala de Órfeu, que se lançou do perigo de buscar a amada no Hades (inferno). E, por fim, relembra a história de Aquiles, morto ao enfrentar o exército de Heitor, para vingar a morte de seu amado, o Pátroclo.

Temos aqui, em Fedro, o amor associado a um ato de sacrifício, morrer por seu amado, e com isso se tornar divino. Quantas pessoas não tomam o amor por essa via? No consultório, estamos repletos do amor de Fedro, pessoas que se sacrificam em nome de um outro a quem dizem amar. Escutamos isso de uma pessoa falando de seu parceiro, de sua parceira, de seu amigo, de seu emprego etc. Mas aqui apresentamos uma queixa materna, uma mãe que "quase morreu" por seus filhos, é assim que Edna se apresenta: "Deixei de viver para que meus filhos pudessem viver".

Deixei de viver por sua causa!

Seu processo começou há algumas semanas, a queixa inicial era de uma dor abdominal, procurou diversos médicos, fez vários exames e nada foi encontrado. Por mais de uma vez, escutou dos médicos que o motivo de seu incômodo talvez pudesse ser emocional, finalmente resolveu procurar um clínico, e assim ela chegou até meu contato. A primeira sessão foi de muito choro e suspiros longos:

PAC - Eu nunca fiz terapia. Nunca achei que fosse precisar, nunca faltou ninguém para eu conversar e desabafar...

PSI - Nunca faltou?

PAC - Nunca, agora falta, agora parece que não tenho com quem desabafar.

PSI - O que mudou?

PAC - Todo mundo cresceu, seguiu sua vida, foi cuidar das suas coisas; e me esqueceram...

PSI - Quando você diz "todo mundo", a quem você se refere?

PAC - Meus três filhos, dois meninos e uma menina.

PSI - Meninos e meninas?

PAC - Sim, eu falo assim, né? Para a mãe os filhos não crescem. Se eu pudesse deixaria eles dentro da minha barriga.

Deixaria aqui cheinho deles (ao falar isso gesticula movimentos circulares sobre a barriga).

Eu olho para seu movimento... e, aparentemente constrangida, ela diz:

PAC - Aqui está vazio!
PSI - Vazio de quê?
PAC - Vazio dos filhos. Eles me preenchiam.
PSI - O que mais tinha que agora não tem?
PAC - Meu marido... Estamos juntos há 40 anos, mas não é mais a mesma coisa. Ele quer ficar no bar, ir pescar com os amigos; está sempre arrumando o que fazer.
PSI - Tem mais algo nesse vazio?
PAC - Amigos, vizinhos, todo mundo.
PSI - Todos eles deixaram de estar aí dentro?
PAC - Sim! E depois de tudo o que fiz...
PSI - O que você fez?
PAC - Eu me sacrifiquei por eles!

> *Do abismo em que você se retirou*
> *E me atirou e me deixou aqui sozinho.*
> (***Você não me ensinou a te esquecer***,
> **Fernando Mendes**)

Edna, em seu discurso, apresenta uma forma intensa de experienciar os afetos, a ponto de seu corpo sofrer com o distanciamento de sua família; as separações são tomadas como abandonos, e a falta como vazio; e tudo isso se intensifica sob a ideia de se sacrificar por amor.

Muitas pessoas amam dessa forma, com a necessidade de um sacrifício para o amado. Percebo muitas vezes isso no estado apaixonado, aquele momento inicial em que amante e amado parecem ser uma coisa só; aos olhos dos outros, os dois não se largam, aos olhos do casal, não existem "outros"; o casal é uma coisa só. Fedro inclusive inclui essa ideia na sua descrição do amor, a força do par amante e amado que sozinho venceria um exército, muito bem ilustrado no final do filme Sr. e Sra. Smith, em que os dois, contando apenas um com o outro, enfrentam duas agências de espionagem... e vencem! Quem assiste ao filme sabe que eles não sobreviveriam a essa batalha, mas eles vencem, satisfazendo assim o ideal amoroso da plateia. Essa é a experiência de quem se apaixona, que Freud expressou de maneira enxuta e precisa: "Como fica forte uma pessoa quando está segura de ser amada"[2] (*Carta de S. Freud a M. Bernays,* 27 de junho de 1882).

Ninguém duvida do amor de uma mãe! Muitas coisas acontecem com uma mulher quando ela engravida, uma dessas coisas é aquilo que Winnicott chamou de "preocupação materna primária"[3]. Ele atendeu em sua carreira mais de 60 mil crianças e suas mães, e é desta vasta experiência que descreve esse estado "natural", de identificação da mãe com seu bebê. Lacan descreve de outra maneira, mas com ideia semelhante. Para ele, todos somos seres faltantes, mas uma mulher quando engravida tem sua falta preenchida com o bebê, e aquilo que satisfaz a falta é chamado de falo. Sendo assim, o filho é o falo materno. Com o tempo, e quando tudo dá certo, esse lugar de falo vai se perdendo e o que fica é a falta.

Edna fala da falta que faz aquilo que já foi seu falo, os filhos, o marido etc.; e agora sofre da perda e também por não encontrar um substituto para eles; a dor é tamanha que marca a carne de Edna, a falta psíquica e emocional aparece como uma dor física, um furo no estômago.

Na temática do amor, a questão da busca por algo que preencha é comum; sendo assim, precisamos retomar certas especificidades do amor em Fedro. No caso de Edna, a leitura que ela faz de si é que se sacrificou e assim busca não só o reconhecimento de seu sacrifício, mas também que se sacrifiquem por ela. Como podemos verificar a seguir:

PAC - Mais uma vez tenho a certeza da minha insignificância para eles.
PSI - O que houve?
PAC - O de sempre, a ingratidão por tudo o que faço.

...ela continua:

PAC - Preparei uma torta que minha filha adora. Ela veio em casa, comeu um pequeno pedaço, tomou um café e não quis mais nada.
PSI - Onde você localiza a ingratidão nisso que me contou?
PAC - Você não vê...?
PSI - O que eu não vejo? Ajude-me a enxergar...
PAC - Eu esperava outra coisa de você, venho aqui há seis me-

ses. Enfim, ela sabe do trabalho que tenho pra fazer a torta... Come um pedaço pequeno, e depois diz que precisa ir embora.

Aqui é importante um recorte sobre a questão da transferência. Ela atualiza em mim a situação que descreve sobre a filha: ela cria uma expectativa sobre o outro, as coisas não ocorrem como ela gostaria e então ela se frustra e descreve a si mesma como vítima de uma ingratidão do outro; da filha, do terapeuta. Pensando nisso, faço a seguinte intervenção:

PSI - Você disse que esperava outra coisa de mim, e com isso tenho a impressão de que você tinha certa expectativa e que minha pergunta tenha sido frustrante...

PAC - É claro! São meses de terapia, será que tenho que falar tudo?! Será que certas coisas você não consegue perceber sem a minha ajuda!?

PSI - Isso traz em você aquela sensação de que fui ingrato?

PAC - É... não. Não sei. Talvez... Mas acho que sim.

PSI - Como você gostaria que eu tivesse agido?

PAC - Não sei, talvez se mostrar mais interessado.

PSI - E como seria isso?

PAC - Não sei dizer...

PSI - Enquanto pensa sobre isso, que tal me dizer o que gostaria que sua filha tivesse feito?

Edna permanece em silêncio pensativa.

PAC - Não sei!

PSI - Se ela comesse dois ou três pedaços seria diferente?

PAC - Não sei. Na verdade, não.

PSI - O que poderia ser diferente?

PAC - Acho que ela foi embora rápido demais.

PSI - Por que ela foi embora rápido?

PAC - Ela tinha compromisso, tinha que fazer a prova de um vestido.

PSI - Esse compromisso não era importante?

PAC - Quer algo mais importante que a mãe? Eu me sacrifiquei tanto por eles, e agora isso... pressa de ir embora! Quase não comem minha torta. Custa remarcar essa prova de roupa?!

Edna está no sexto mês de terapia, e esse padrão amoroso foi se revelando nas mais diversas situações. Essa forma de amor traz muito sofrimento para ela; é um amor apaixonado, é o amor que pode ir até o sacrifício, mas, aqui entre nós, o sacrifício só é bonito nas tragédias gregas.

Aqui trouxemos trechos do caso de uma mãe e seus sacrifícios, mas esse estilo de amor está presente em diversas estruturas: casamentos, namoros, relação com pais, relação com filhos, entre amigos etc.

Lembro-me ainda hoje de uma palestra há muitos anos, quando ainda era um estudante de psicologia. Alguém comentou sobre esse "amor de sacrifício": "deixei de viver por você, me sacrifiquei por você".

E a palestrante interveio: o sacrifício é sempre pela própria pessoa que se sacrifica. Ela se sente melhor por se ver como essa pessoa que "morre" pelo outro, mas sempre será lembrada, por ela mesma, como alguém divinizada por tal ato; assim como descreveu Fedro na sua versão de Eros.

Vemos assim que o amor enquanto sacrifício, nesse caso, é o amor condenado à decepção, à frustração e ao ressentimento. Esse tipo não raro de exigência amorosa é representado muito frequentemente por excessos de si, que demandam do outro condições de exclusividade e uma altíssima expectativa, equivalente a seu suplício!

As acusações e as induções de culpa, somadas às lamentações, são endereçadas ora ao amado, ora ao amigo, aos filhos; por conseguinte, não se escapará da relação com o clínico na relação de transferência e desembocará de alguma forma em uma hostilidade com ou contra a pessoa por não receber do outro aquilo que se deseja/espera diante de sua devoção ilimitada e penosa, sem que ninguém a peça. Freud, ao falar sobre a transferência, fez uma divisão entre positiva e negativa; a positiva se refere ao amor do paciente pelo analista, mas este não pode responder deste lugar de amado. Isso leva o amante a uma frustração e causa o surgimento da transferência negativa, o ódio ou indiferença ao analista. A transferência na clínica é uma pequena amostra dos modos de amar de uma pessoa na sua vida. Sendo assim, a estrutura de amor seguida de ódio está presente em todas as relações humanas.

Antes que fiquemos tomados por esses afetos que nos despertam pessoas que amam dessa maneira, é preciso que se compreenda e legitime a maneira que cada um de nós utiliza para se defender das agruras da vida, pessoas que utilizam subterfúgios precários, numa tentativa inconsciente de tamponar a enorme dor que sentem, exigindo do outro a reparação das feridas alojadas no reservatório das próprias ilusões infantis.

Do outro lado, encontraremos alguém frequentemente culpado, com sentimentos de impotência por não conseguir atender às demandas quanto ao que lhe é exigido, mesmo que não se queira. Ou seja, de um lado a outro, percebemos que ambas formas de amar e se relacionar com quem amamos levam muitos ao esgotamento, ao afastamento e ao sofrimento.

Será que podemos amar melhor?

Pausa para uma música:

Você é tudo que eu preciso para sobreviver

Enquanto eu tiver você, baby
você sabe que você me tem
Porque temos nosso amor
Como o orvalho da manhã doce, olhei para você
E foi claro de ver que você é meu destino
Com meus braços abertos, joguei fora o meu orgulho
Eu me sacrifiquei por você, dediquei minha vida a você
Iria aonde você fosse
Estarei lá em tempos da necessidade
E quando perco minha vontade
você estará lá para me empurrar colina acima
Não há olhar para trás conosco
Temos um o amor do outro e isso é o suficiente
Porque você é tudo que eu preciso para sobreviver

> *Como uma águia protege seu ninho*
> *por você eu farei meu melhor*
> *Ficar por você como uma árvore*
> *e desafiar qualquer um que tente me mover*
> *Querida, em você encontrei a força que eu havia perdido*
> *Não sei o que nos reserva,*
> *mas juntos podemos abrir qualquer porta*
> *Apenas faça o que é bom para você*
> *e eu a inspirarei mais alto*
> *Você é tudo que eu preciso*
> *Tudo que preciso para sobreviver*
> (***You're all I need to get by*, Aretha Franklin**)

Escutamos em nossas clínicas e em nosso dia a dia com uma certa naturalidade perturbadoras narrativas "de amor" que se assentam pela via do sacrifício e algumas facetas como renúncias desmedidas, abnegação, penitência, devoção, e que levam muitos ao padecimento e a muitos riscos, fazendo uso do nome "amor". Disso podemos observar que há um certo envaidecimento pela "honra do sacrifício", como no caso de Edna.

Seguir pelos caminhos da filosofia grega, revisitar Platão, passear pelos discursos sobre Eros a partir do olhar psicanalítico, sobre onde pousa a sua ética, é o norte desse diálogo em que apresentamos personagens construídos e inspirados na clínica psicológica e em nosso cotidiano para ampliar nossa discussão.

Já no primeiro discurso em homenagem ao amor, sobre a origem, as causas efeitos, inversões e sua magnificência, nos encontramos com os dizeres belíssimos do poeta sobre o tocante do amor, "o que há de dirigir os homens durante a vida inteira, refiro-me aos que procuram vivê-la em beleza" (178d), ademais é o amor "o mais poderoso para levar os homens à virtude e à felicidade."⁴(180c). Aqui alcançamos o ingrediente indispensável para a receita da felicidade: o amor.

A sensibilidade de seu discurso nos inspira, tal como o amor faz, fazendo-nos pensar o quanto o amor desperta em quem ama virtudes, e tais virtudes na experiência de amor transformariam aquele que é amado em amante. Portanto, o olhar dirigido à pessoa amada seria tão potente a ponto de despertar o amor no outro. A descrição poética de Fedro nos diz que o amante é aquele que é afetado pela beleza do outro. Rubem Alves, citando Platão, diz que "a beleza quer nascer para o mundo qual uma criança"⁵. Quando a beleza nasce, nos reencontramos com nós mesmos e experimentamos a alegria. E diz que é assim que nasce a arte; ao ouvir uma música que nos comove pela sua beleza, nos reencontramos com a beleza que estava adormecida dentro de nós.

O amante aqui é retratado por aquele que ama apaixonadamente. Este é tocado pelo Deus Eros, já o amado é aquele que recebe o seu amor. Essa distinção entre um e outro também nos traz uma compreensão interessante da não mutualidade no amor entre amante e amado; no entanto, abre caminhos para o amor enquanto possibilidade de um encontro potente e transformador que falaremos mais adiante.

O banquete é uma fonte inesgotável de inspirações para falar de amor; não foi por acaso que o termo amor platônico foi criado, e para aquele que acha que o amor platônico é o amor não correspondido, é preciso deixar claro que amor em Platão não é uma coisa só; na verdade, são amores, cada um dos discursos tem algo de amor, e sob esta ótica nos questionamos, quantas possibilidades de amar existem? Quando se fala de amor, falamos da mesma coisa? Pensando em cada discurso sobre o amor, podemos extrair diferentes ideias. Em Fedro é possível encontrar novos caminhos sobre o amor, como, por exemplo, a questão do olhar e suas dimensões.

É sobre o fascínio do olhar que os amantes apaixonados fazem as mais belas declarações e homenagens de amor ao amado.

Na tradução e comentário de Donaldo Schuler, na primeira homenagem ao amor, Fedro erotiza o olhar, e isso muda tudo.

O olhar do amante move-se ao amado. O amante ou o apaixonado passa então a "ser" para esse olhar. Quando o amante não encontra o olhar do amado como correspondência, sente-se ameaçado e então eclode a dor e o sofrimento. A partir daí, anuncia-se a desventura do amor.

Os enganos do olhar e os equívocos do amor

Desde o nascimento, no flerte, na sedução, no encantamento, no amor paixão, o olhar está presente como símbolo e expressão.

Lá onde estava a visão, Freud descobre a pulsão. Diz Quinet: "E no olhar os enganos começam" (A. Quinet, *Um olhar a mais*), ou ao menos na pulsão escópica, a pulsão do olhar.

Criamos fantasias quando somos vistos por aquele(a) a quem nos interessa sermos vistos.

Essas fantasias ou esses "vacilos" acontecem por meio da imaginação de nossa realidade psíquica e também provêm do ambiente no qual vivemos. Criamos uma série de mal-entendidos quando interpretamos os olhares de um outro e numa ilusória decifração também fazemos a mesma coisa cotidianamente quando interpretamos os sentimentos dos outros pela nossa experiência.

Eros inflama a imaginação; esta citação é um outro modo de dizer sobre como supomos saber o que o outro deseja de nós. É aí que o olhar escapa à percepção da realidade externa e dessa forma que "sustentamos possibilidades enganosas sobre o outro", uma vez que nossa imaginação é irrestrita e ilimitada.

> "Adoro um amor inventado."
> (*Exagerado*, **Cazuza**)

Uma percepção do olhar de uma paciente nos chama atenção quando diz sobre uma pessoa na qual está interessada e se sente recusada: Diz ela: "Ele olha, curte todas as minhas postagens e *stories*; isso me faz pensar que também está a fim de mim, e agora me diz que não há interesse, que vacilo!"

Porém, nossa imaginação, embora pareça um clichê dizer, não condiz com a realidade. Isso pode nos dar pistas sobre a fantasia que criamos quanto ao olhar do outro enquanto correspondência, que pode ser equivalente a tudo ou nada. A esse tudo, ser visto, ser desejado ou considerado, ser amado pelo outro, ou nada, pois no olhar (ou no amor) "podemos não assumir nenhuma escolha, apenas sustentar as possibilidades"[7].

E quando a realidade se impõe é a esse "nada" que sofremos pelas fantasias criadas por nós sobre interesse, amor ou desejo de outro.

> *"Pela brecha da retina poderíamos ver profundamente no inconsciente."* [8]
> **(Freud numa carta a Stefan Zweig)**

Nossos primeiros olhares

Algo do olhar nos inquieta a não o reduzir como objeto de interesse somente à função escópica, "sobre as coisas vistas", mas sim no que toca às experiências afetivas quando desde o início de nossas vidas somos afetados pelo olhar de um outro, figurando a este olhar a porção de nossa subjetividade que nos constitui desde os primeiros vínculos de cuidado.

"No desenvolvimento emocional, o precursor do espelho é a face da mãe"[9]. A metáfora do espelho vale-se da compreensão de que para que o indivíduo "se veja" e descubra a imagem unitária de seu corpo, ele precisa ter primeiro descoberto o espelho do olhar materno para a constituição de si mesmo. É o olhar materno que devolve para a criança sua própria imagem e permite que ela desenvolva uma percepção de si mesma como um sujeito inteiro (Winnicott, D. – *O papel do espelho da mãe e da família no desenvolvimento do indivíduo*, 1975), ou seja, o espelho do olhar de um outro no desenvolvimento emocional devolve-nos "quem somos nós".

Entre as brincadeiras que encantam o universo infantil, a mãe esconde o rosto com as mãos; num gesto esperado e espontâneo, um sorriso desenha-se no rosto da criança ao descobrir os olhos da mãe, que pronuncia: achooou!! "É uma delícia se esconder, mas uma tragédia não ser encontrado"[10] (Winnicott, D. – *A comunicação e a falta de comunicação levando ao estudo de certos opostos*).

Mais adiante, ainda crianças cobrimos os nossos olhos quando sentimos medo, assim olhamos pela fenda que nos cabe olhar ou que podemos sob a vista do adulto. Quando adultos podemos muitas vezes querer não ver. Quando negamos determinados acontecimentos de nossa vida e nossas relações e sentimo-nos ameaçados pelo horror que a falta do olhar do outro pode nos causar diante dos sentimentos de desproteção, rejeição, abandono e desamparo.

Adélia Prado diz que vez por outra Deus a castiga, tira-lhe a poesia. Ela olha para uma pedra e só vê a pedra mesmo. Não podemos negar que são os olhares, os ecos de nossos primeiros fascínios e temores, nossos primeiros contatos com o mundo que nos cerca. Vemos aquilo que de algum modo nos confere algum sentido originalmente nosso, convidando-nos a ver e aproximar.

> *Os amantes se amam cruelmente*
> *e com se amarem tanto não se veem.*
> *Um se beija no outro, refletido.*
> (***Destruição***, **Drummond**)

O OLHAR HIPNOTIZADO NA INTENSIDADE DAS PAIXÕES

No amor paixão, a ausência do olhar do amado é suscetível em muitos casos ao sentimento de indiferença, e este pode surgir e assaltar o sujeito, despertando nele o sentimento de rejeição, afetando sua autoestima a respeito do sentimento de si mesmo, fazendo que o sujeito se veja apequenado empobrecido, como na expressão "dissolvido a nada!"[11] (CHIOZZA, 2008).

A ausência do outro diante do impulso imediatista da

paixão abre espaço para os fantasmas e fantasias, reduzindo a binômios excludentes das incertezas – o que deixa os apaixonados em estado de tensão; aliás, as certezas são características de toda paixão. Excesso e falta, prazer e angústia e o famoso dito do jargão popular "credo, que delícia" são ambivalências desse estado de apaixonamento que leva muitos à loucura e à tensão.

É importante dizer que as dimensões de sofrimento se darão à medida que cada pessoa lida com o amor-próprio ou amor de si, com a separação e sentimento de solidão – e que a solidão não necessariamente significa estar sozinho, mas sentir-se sozinho ou no estado de desamparo. Dessa forma, as experiências iniciais em ser vistos nas experiências de amor por um outro são precursoras e desencadeadoras de nossa maneira de nos relacionarmos com o amor e com sua ausência.

Quando a luz dos olhos meus
E a luz dos olhos teus
Resolvem se encontrar,
Ai que bom que isso é meu Deus,
Que frio que me dá o encontro desse olhar.
Mas se a luz dos olhos teus
Resiste aos olhos meus só pra me provocar,
Meu amor, juro por Deus, me sinto incendiar.
(canção de Antônio Carlos Jobim e Miúcha)

Quando amamos, lançamo-nos ao outro, ofuscando o olhar narcísico a si próprio; dito de outra forma, a solução então para o narcisismo é lançar o olhar ao amor, à outra pessoa.

No bem-dizer freudiano, "precisamos amar para não adoecer"[12] (FREUD, S. *Introdução ao narcisismo*, 1914). Lançarmo-nos e entregarmo-nos ao amor para que não fiquemos entorpecidos do amor de si, e adiante: "É inevitável adoecer, quando, devido à frustração, não se pode amar" (Idem), diante da recusa do amor e do olhar do amado, inelutável é o nosso sofrimento.

> *"O narcisismo começa nos espelhos" – no espelho que é a mãe, cujos olhos cintilantes e sorriso receptivo refletem o encanto pelo filho; "o salão dos espelhos."* [13]
> **(HOLMES, J. *Conceitos da Psicanálise*)**

É certo dizer que, no tocante ao amor paixão, desejamos ser para o outro, sob o sacrifício de se perder. Sacrificamos, conscientemente ou não, uma porção de nossa subjetividade para caber no espaço que sirva aos olhos do amado. Talvez seja isso que impeça ou atravesse a experiência do amor nas relações amorosas de que trataremos no decorrer de nossa exploração.

Muito provavelmente, todos nós nos sentimos arrebatados pelo olhar fascinante na paixão. O olhar ativo, altivo que desnuda, ascende, brilha e ilumina. Tomados pelo indecifrável, inquietante e excitante olhar do outro na paixão, escapamos do "si mesmo" e desejamos "ser para" o olhar do outro.

Tudo parece correr mais ou menos bem até este ponto, se não perdêssemos o caminho de volta. Esse desvio nos coloca na posição muitas vezes de objeto, em atingir as expectativas fantasiosas do que imaginamos que o outro enxerga, naquilo que vê sobre nós, certamente a tentativa de decifração do grande enigma humano.

Na paixão recalcamos a realidade, mas nossos desejos tornam-se imperiosos e um tanto quanto exagerados, como cantava neste trecho Cazuza:

> *Eu nunca mais vou respirar*
> *Se você não me notar*
> *Eu posso até morrer de fome*
> *Se você não me amar.*
> (***Exagerado*, Cazuza**)

Desejamos que o olhar do outro se dirija a nós, desejamos ser o brilho dos olhos daquele a quem capturamos e somos capturados pelo olhar. Nesse jogo de olhares e flertes, o apaixonado inebriado busca ocupar um espaço na dimensão do desejo daquele a quem interessa "dar-se a ver".

Ser visto por meio do reflexo dos olhos do amado, amar a si mesmo por meio do olhar do outro, faz parte do encontro enigmático do amor e do olhar.

Ao sermos olhados eroticamente pelo amado, nos deparamos com a representação da imagem ideal do nosso eu, para ele. A poética de Rubem Alves nos diz: "Todo mundo sabe sobre os olhares. Todo mundo observa atentamente os olhares porque são eles, e não os globos oculares, que sinalizam a vida e especialmente o amor"[14]. Aqui, a palavra analítica flerta com a poesia, elas se aproximam e se tocam.

E essa coisa do olhar

Quantos de nós já nos apaixonamos por pessoas por quem a rigor não nos interessaríamos, mas por alguns motivos ficamos presos a um quê de um mistério expresso também por meio do olhar?

Na experiência clínica, reconhecemos que não somos os donos da nossa própria casa, quando nos damos conta de que somos tomados por desejos que até então desconhecemos em nós. E isso paralelamente acontece com o olhar, esse "quê" ou essa coisa a qual temos dificuldade de definir que é a base da fundação, fonte da libido que nos incita a ver mais de perto, aquilo que da coisa vista nos toma como a causa ou um punhado de causas que despertam em nós o desejo pelo outro. Desejosos e tomados por conhecer, desvendar o proprietário do olhar a quem nos causa um fascínio temporário, muitas vezes adoecemos de amor, como retratam os sacrifícios no discurso de Fedro que se aproximam mais da paixão do que do amor.

Algo em nossa intimidade, em nossa história e em nossas identificações, e no contraste com elas, se revela a nós quando somos seduzidos e hipnotizados pela paixão. A boa notícia é que a paixão tende a passar!

E quem sabe abra caminhos para que o amor possa chegar.

> *Ver algo e captar propriamente com o olhar aquilo que se vê são duas coisas diferentes. Captar com o olhar quer dizer, aqui, penetrar com o olhar naquilo que, da coisa vista, seu olhar apresenta para nós, isto é, conhecendo aquilo que essa coisa tem de mais próprio, mais singular e autêntico do outro.*[15]
> **(HEIDEGGER, *Princípio da razão*)**

Mas não é só sobre os olhares apaixonados que encontramos revelações na clínica. Os olhares que transmitem intimidação, vergonha, desprezo, ódio, repulsa e a antítese do olhar que revela a indiferença.

Provocados, dominados, seduzidos e insistentes pelo olhar do outro, desejamos ser vistos, mas não de qualquer forma, mas sim em nosso eu ideal em nossas qualidades e virtudes. Tomando de empréstimo as palavras de Raul Seixas em nosso "máximo denominador comum", queremos nada menos que ser vistos no maior "número inteiro" de nossas qualidades. Isso quer dizer que o mesmo olhar que nos convoca também nos distancia quando tememos ser vistos demais. Queremos colocar à frente de nós nossa versão ideal de nós mesmos, daquilo que queremos que do olhar dele(a) seja visto. E nos distancia quando nos perdemos do nosso olhar, nessa distância que separa quem "sentimos que somos" e como gostaríamos de sermos "vistos e amados", pelo amado.

O olhar que mira a distância

"Olhe-me, mas não tão perto a ponto de ver o que não quero que veja!" A vergonha em ser desmascarado pelo outro sobre um ideal esculpido por nós deflagra nossas vulnerabilidades, nossas falhas, nossos buracos, nossa vergonha. E temerosos que somos, nos defendemos, mas paradoxalmente queremos ser olhados; no entanto, pela brecha que desejamos.

Disse-me um paciente durante a recuperação de uma cirurgia de grande risco de morte que sofria com os sentimentos contrários entre ter os filhos próximos neste momento em que padecia, e por outro lado gostaria de manter um afastamento necessário para que pudesse "protegê-los ao vê-lo impotente" – nas palavras dele.

Sua angústia era intensa. Ele revelou durante o atendimento a vergonha que sentia perante sua incapacidade aviltante, diante de sua atual condição.

"Como eles podem me ver desta forma? – sempre fui o exemplo de fortaleza para a família e não deixarei que me vejam assim! Isso é deprimente, prefiro que não me vejam assim."

Me vejo no que vejo
Me olha o que eu olho
É minha criação
Isto que vejo
(***Blanco*, de Marisa Monte**)

Para Fedro, a infelicidade é causada pela falência diante do olhar erotizado. E isso se confirma na experiência clínica sobre queixas frequentes de casais que deixam de se olhar, ou se olham mecanicamente e demandam o reconhecimento do outro "dando de ombros um ao outro" quando não se é visto. Tal como o olhar que permanece sem distância, afoga o amor, um olhar sustentado somente pela distância que não se aproxima concreta e emocionalmente, um olhar que "nada vê" e não se toca tem grandes chances de ofuscar ou apagar a experiência de amor.

Que caminho é este que estamos seguindo, livres e coagidos pelo arcabouço de informações fáceis e simplistas a respeito do amor?

Não tem sido fácil discriminar a ideia imaginada de amor

incondicional ou amor enquanto sacrifício como herança de nossa cultura. Partiremos a compreender nesta explanação a nossa biografia amorosa para nos aproximarmos de nós, do amor sem depositar naquele(a) a quem amamos que ele(a) possa sanar as nossas faltas na totalidade que exigimos. Talvez isso nos coloque a fazer o luto de grandes fantasias a respeito do amor romântico, sem nos ofuscar ao romantismo que também faz parte da manutenção do amor, e é um tempero delicioso que realça o sabor de qualquer relação.

Nos encontros e desencontros de caminhos ecoados pelo amor romântico, vivemos uma espécie de clandestinação de maneiras de amar, seja como sacrifício ou como o *continuum* da paixão, fazendo que nos relacionemos com o amor de maneira idealizada ou como objeto de descarte. Isso nos leva a pensar na precariedade na qual apreendemos sobre ele, enquanto "plateia" e conjunto da linguagem e da cultura em que somos inseridos, que muitas vezes nos entorpece de dicas e selvagerias sem que deixemos de mencionar quando fazemos do amor tudo menos vivê-lo em sua potência, vivê-lo em beleza, como propõe o primeiro elogio ao amor, mas a ele atribuímos a fonte inesgotável e constrita de fantasias de completude e garantia de felicidade plena. O amor ao que nos parece terá condições de se sustentar somente quando houver aporte psíquico para suportar as contrariedades, as ambivalências, as desilusões e o desequilíbrio.

Será que podemos chamar de amor a fusão passional tão presente em narrativas cotidianas que fecundam no espetáculo do amor romântico e ideal, ou sucumbiremos à ideia de sacrifícios e destrutividade em nome do amor?

> *É o amor*
> *Que mexe com minha cabeça*
> *E me deixa assim*
> *Que faz eu pensar em você e esquecer de mim*
> *Que faz eu esquecer que a vida é feita pra viver*
> (***É o amor*, Zezé Di Camargo e Luciano**)

Nesse contexto da parceria amorosa entre eu e tu não nos acomodemos com a invalidação do "eu" em nome do "tu", como propõe a ideia de Martin Buber. "O amor não invalida o eu! Pelo contrário, liga o eu mais intimamente ao tu!"[16]. O "eu" se torna "eu" em virtude do "tu". Isso não significa que devo a ele o meu lugar, defende o filósofo que coloca em relevo a importância do encontro, da diferenciação e alteridade nas relações.

Aqui ele retrata o apagamento do eu, em razão do outro que sem dúvida é uma das grandes ilusões montadas na construção de narrativas e experiências amorosas.

De nada nos interessa uma conclusão neste momento, uma vez que a interpretação de amor, estes caminhos pelos quais nós não cansamos de andar mais nos incita a compreender as diferentes dinâmicas amorosas em vez de encontrar sua chegada enquanto definição, teremos a frente um caminho a percorrer sem atalhos.

A vida é experiência vivida, no dia a dia da concretude, da convivência, há algo em que repousa em nossa investigação, fruto de uma urgência de nosso tempo que corrompe a ideia de processo. Essa total disponibilidade de colocar-se ao outro sem reservas que adoece o amor, tal como o egoísmo em não considerar que nos tornamos quem somos pela relação que construímos na ligação com o outro, que se instaura pelo tempo, que se distancia de imediatismos.

Outra consideração relevante: em que momento o amor passou a ser menor que o amado, e o amado maior que o amor? Reduzindo a nossa experiência de amor a uma única pessoa. "Que faz eu pensar em você e esquecer de mim", como na canção.

O amor a partir desses diálogos poderá abrir espaço para reconstrução na maneira de amar ou na redescoberta dele se não fizermos soluções fáceis e imediatas e compreendermos as possibilidades preciosas que acontecem no encontro com o outro.

A percepção da impossibilidade de tomar distância do olhar do outro é algo que apresentaremos em um caso clínico:

Tânia - A estrangeira e o extravio do olhar

Tânia chega ao consultório e sua queixa principal é sobre as crises do seu casamento.

Diz que é casada há 7 anos com Laurent, moraram em Marselha desde que se casaram e há um ano voltaram para o Brasil. Relata que quer começar a tentar engravidar aqui em seu país para estar mais perto das irmãs.

Diz ela:

PAC - Laurent é uma pessoa incrível!

Tânia diz que se apaixonou por ele na empresa onde trabalhavam. Porém não tinha muito contato, pois trabalhavam em departamentos diferentes.

PAC - Ele sempre foi muito charmoso, sempre chamou a atenção de muitas mulheres, inclusive a minha.

Ela sorri.

PAC - Fiquei enfeitiçada por ele; trocávamos olhares, mas nunca pensei que esse homem "tão perfeito" olharia para mim!
PSI - Por que não olharia?
PAC - Ah, tinham muitas mulheres bonitas na empresa. Ele é daqueles que chama atenção quando chega, não só porque é muito bonito, mas porque fala com você de um jeito diferente; tem um olhar quente que ilumina, não sei bem dizer!

PSI - O que esse olhar quente ilumina em você?
PAC - Tudo! *(diz ela convicta)*
PSI - Tudo?
PAC - Tudo porque minha vida mudou totalmente desde que eu o conheci. Namoramos por um tempo a distância, pois ele precisou viajar para ficar com a família fora do país durante uns 6 meses. Parece que quando me distanciei dele tive ainda mais vontade de conhecê-lo.
PSI - Quando você se distanciou, se aproximou?

Ela fica pensativa.

PAC - É... é verdade.

PSI - De quem você se distanciou?

PAC - Dele, estávamos bem grudados na época antes de ele viajar, e tínhamos só 4 meses de namoro.

Ela continua.

PAC - Bom, e aí ele voltou. Ficamos juntos e não nos separamos mais. Ele me pediu em casamento quando voltou. Fizemos uma cerimônia íntima só para nossas famílias e fomos morar em Marselha.

Tânia relata que se conheceram morando juntos. E que teve muita sorte, que estava tão apaixonada que no início era tudo lindo, outro país, outra cidade. Conta que em comum acordo com Laurent decidiu que ficaria sem trabalhar por um tempo, pois não seria necessário para ela.

PAC - O Laurent disse que eu não precisava trabalhar.

PSI - E você?

PAC - Eu? Ah, tudo bem!! Concordei que era tudo muito novo pra mim. Eu tinha dificuldade em me comunicar, embora eu fale inglês e isso facilita, mas era ele quem decidia pelas coisas do dia a dia com mais facilidade.

PSI - Era ele quem decidia pelas coisas?

Pergunto repetindo sua fala, tentando compreender.

PAC - Era ele; na verdade, é ele até hoje que decide tudo.

Um pouco da história de Tânia.
Tânia foi adotada com 3 anos. Conta que a mãe biológica a deixou por dizer que não tinha condições financeiras de cuidar dela e a "entregou" a um abrigo da cidade onde morava.

PAC - Não vi nem os olhos da minha mãe.

Ela faz uma pausa, toma um pouco de água e continua.
PAC - Mas recebi muito amor da família que me adotou. Conheci meu pai biológico quando tinha uns 14 anos. Minha mãe adotiva disse que ele tinha entrado em contato; na época ele já estava muito doente. Pra mim não era meu pai, eu não sentia amor por ele. Não tive essa sensação de sentir alguma coisa diferente por ele por ser meu pai.
PSI - O que você sentiu?
PAC - Sei lá.

Aguardo o silêncio.
Ela retoma a fala após alguns segundos.
PAC - Senti uma indiferença dele. Descobri que tinha "meias irmãs", eu era uma estranha lá. Então, na volta disse para minha mãe adotiva que não queria mais ver ele,

e ela não me levou mais. Depois disso, nunca mais tive contato até saber que ele tinha morrido, uma das minhas irmãs me achou nas redes sociais e me avisou. Eu não sofri com isso. Eu não tinha uma relação com ele, sabe, nenhuma intimidade, nem sabia o que falar.

A mãe adotiva de quem Tânia fala com muito carinho faleceu quando ela morava em Marselha, e foi por esse motivo que decidiu voltar para o Brasil, pois segundo ela estava adoecendo por ficar distante das irmãs.

Diz ela:

PAC - Essas minhas irmãs "de verdade" são muito importantes para mim, durante o tempo que vivi em Marselha era com elas que eu falava. Não vi minha mãe durante todos esses anos, e hoje só tenho minhas irmãs, é tudo que eu tenho.

Ela se emociona, e retoma a fala.

PAC - Foi de uma hora para outra.
PSI - O que foi de uma hora para outra?
PAC - A morte da minha mãe. Laurent diz que eu preciso me cuidar, que depois da morte da minha mãe eu perdi o brilho do olhar.
PSI - Quando a sua mãe morreu?
PAC - Faz 6 meses.

Ela continua como se não desse espaço entre sua fala.

PAC - E outra, ele, o Laurent é muito bonito e bem-sucedido e "olha pra mim", estou acabada. Tenho medo de perder ele também.

[...] Aguardo suas associações.

PAC - Ele faz de tudo pra mim, sempre fez. Compra umas bolsas caras e eu nem ligo para marca. É bonita, mas vou usar onde? Nem saio de casa!

PSI - Você tem vontade de sair?

PAC - Tenho, mas Laurent é muito cuidadoso, fica preocupado quando eu saio sozinha; ele é um pouco ciumento também, saímos juntos no final de semana. Ele, além de ser uma pessoa incrível, é carinhoso e atencioso; faz de tudo para mim. Mas eu gostaria de ter o mesmo olhar que tinha para ele. Mas eu perdi, e ele fala isso! Que olho para ele com o olhar morto, e ele também fica às vezes indiferente comigo.

PSI - Olhar indiferente igual de quem?

Ela silencia.
Aguardo.

PAC - Não estou feliz no meu casamento. Amo ele e sei que é o amor da minha vida. Ele mesmo disse para eu vir aqui. Sabe que até na relação íntima eu me sinto meio "transada".

PSI - Como assim, transada?

PAC - Sim, meio que quero que termine logo. Fecho os olhos e finjo que estou gostando, mas não tenho vontade nenhuma.

PSI - Fecha os olhos... o que você quer não ver?

PAC - Ele não imagina que na verdade eu estou aqui para falar do meu casamento, porque ele não vê que estamos distantes, já faz muito tempo.

PSI - E o que você vê?

PAC - Vejo que ele tenta fazer de tudo por mim, mas não me olha de verdade. Não sei explicar direito. Parece não fazer sentido quando eu falo isso agora, mas pensando bem, acho que é isso mesmo; na verdade, tenho a impressão de que ele não me vê, não me conhece direito ainda.

PSI - E como você se sente?

PAC - Estou com medo, me sinto sozinha, desamparada. Ele não sabe que sofro por um monte de coisas que não tenho coragem de falar, tanto que não disse a ele que fui ao psiquiatra, pra você ter ideia.

PSI - Me conta o que você não quer que ele veja.

PAC - É porque acho que ele já perdeu a admiração por mim. E acho que eu também perdi por mim mesma.

PSI - O que você perdeu, Tânia?

PAC - Me perdi de quem eu sou. Topei mudar para outro país por causa dele, viver longe da minha família, ficar longe da minha mãe. No começo era legal, depois foi a fase de cair na realidade e agora sinto um vazio enorme. Ele quer ser pai e eu nem sei se quero ser mãe, mas não falo isso para ele; é o sonho dele, e desde o começo ele disse que queria ter dois filhos, mas eu tenho pavor de escutar isso.

PSI - E você, quer ser mãe?

PAC - Eu, de verdade, não tenho essa vontade, nunca tive. Mudei de ideia por um tempo quando nos casamos, mas de um tempo pra cá ele retoma esse assunto.

Ela fecha os olhos.

PSI - E o que você não quer ver, Tânia.

PAC - Eu não quero ter filhos! Mas também acho que posso gostar da ideia no meio do caminho, sei lá!

PSI - Você acha que pode gostar da ideia ou se acostumar com mais uma decisão que não seja a sua?

PAC - Tenho medo, preciso de ajuda para parar de sofrer por causa disso; você precisa me ajudar!

PSI - Como você acha que eu posso te ajudar neste momento?

PAC - Quero ser mais para mim, sabe? É meio estranho o que vou falar. Minhas irmãs me chamam de louca, mas acreditam que eu acho que o Laurent não me ama, não me vê de verdade.

Ela volta no assunto.

PSI - E o que é te ver de verdade?

PAC - Não sei, não sei – ela repete.

Eu aguardo o silêncio dela, fazendo-me presente numa distância acolhedora.

PAC - Se fosse ele agora, por exemplo, já iria dizer mil coisas bonitas e que me faria sentir melhor, mas às vezes me sinto pior.
PSI - Pior como?
PAC - Como se eu devesse seguir os conselhos dele para ficar melhor!
PSI - E você segue?
PAC - Acho que vivo seguindo ele, tenho medo só de pensar em perdê-lo, se não quiser ter esse filho.
PSI - Como é para você deixar de ser para ele o que você pensa que ele gostaria que você fosse?
PAC - Nem sei mais te dizer o que sobra de mim.

O que parece é que o excesso de Laurent abre caminhos para as angústias e a vulnerabilidade de Tânia, lhe oferecendo tudo que Tânia rejeita, o que nos faz pensar que ele também permanece na posição de impotente, mortificado.

O medo, o desamparo e a indiferença que sentiu nas primeiras experiências de dependência do outro desde o início de sua vida aproxima-se dos medos e angústias que tem em relação ao marido.

Tânia tem o olhar extraviado pelo marido, o mesmo olhar que a fez se apaixonar é o olhar que a coloca na posição de objeto de desejo do outro. Um olhar de destituição de si, no qual se vê na impossibilidade de tomar distância desse olhar e se perder. Fecha os olhos com a intenção de não ser vista e de nada ver. O mesmo olhar que se fez potente pelo fascínio de Laurent outrora se torna um olhar morto e indiferente, evocando o pai ausente.

Tânia retira seu investimento na vida, retirada pela sua condição de sujeito, ela é para o marido, devendo a ele seu lugar, tornando-se dependente em atender as demandas do marido, num alheamento de si.

Aqui nos cabe a pergunta: podemos chamar de amor essa fusão passional a esse aprisionamento voluntário?

Até onde se vai por amor?

Seria mesmo o amor cego se a ele submetermos o nosso ideal de amor, ideal do outro como comando de nossas relações amorosas?

Ser o brilho nos olhos de alguém

Um casal encontra força para o amor enquanto encontra esse brilho, e muitas vezes quando ele desaparece as crises da relação começam. O interessante é pensar nas relações mais primitivas do ser humano, e o quanto "ser o brilho no olhar de alguém" é estruturante para a formação do nosso "si mesmo". Foi aqui que psicanalistas como H. Kohut e D. W. Winnicott dedicaram uma boa parte dos seus trabalhos, mostrando a diferença radical de quem teve a experiência e quem não a teve. Aquele que se encontra nos olhos do outro fica livre para olhar para fora, pois foi olhado. Mas aquele que encontrou apenas olhos que olham qualquer coisa fica infinitamente sem referências ao próprio "si mesmo", buscando compulsivamente um olhar no outro, como no narcisista hipervigilante, modelo de Kohut, ou atravessando todos os olhares, falando nunca para alguém, mas para uma plateia amorfa, que são os narcisistas do tipo distraído, modelo proposto por O. Kernberg.

Falar de olhar inevitavelmente passa pelas questões narcísicas, todos nós temos características narcísicas, e em algumas pessoas isso chega a configurar um transtorno. Se em Tânia existe uma busca de olhar para a manutenção da própria identidade, em Edna temos o olhar que atravessa as necessidades do outro e impõe as próprias necessidades. Ambas procuraram terapia pela forma que amam e cabe aqui a reflexão do destino disso na clínica: existiria uma cara para essas formas de amar? Se sim, isso significa que existe uma forma CERTA de amar e ser amado. Ou será que o tratamento teria como finalidade legitimar essa forma de se relacionar? E, a partir disso, fazer escolhas?

Que trato teria o clínico com seu paciente? Faremos isso, aquilo e aquilo outro?

Ou, vamos, no caminho você me conta!

Amar exige uma aposta. A análise também.

> *O amor constitui uma oportunidade sublime para o indivíduo amadurecer, tornar-se algo, tornar-se um mundo, tornar-se um mundo para si mesmo por causa de uma outra pessoa; é uma grande exigência para o indivíduo, uma exigência irrestrita, algo que o destaca e o convoca para longe.*[17]
> **(RILKE, R. M. *Cartas a um jovem poeta*)**

Referências

1. PLATÃO. *O banquete* (edição bilíngue).
2. FREUD, S. *Cartas de Sigmund Freud 1873-1939*.
3. WINNICOTT, D.W. *Da pediatria à psicanálise*.
4. SCHULER, D. *O banquete, tradução, notas e comentários*.
5. ALVES, Rubem. *Ostra feliz não faz pérola*.
6. QUINET, A. *Um olhar a mais*.
7. SIMMEL, G. *A tragédia da cultura*.
8. ZWEIG, S. *Freud por Stefan Zweig*.
9. WINNICOTT, D.W. *O brincar e a realidade*.
10. WINNICOTT, D.W. *O ambiente e os processos de maturação*.
11. CHIOZZA, L. *Por que nos equivocamos?*
12. FREUD, S. *Introdução ao narcisismo*.
13. HOLMES, J. *Conceitos da psicanálise*.
14. ALVES, Rubem. *A educação dos sentidos*.
15. HEIDEGGER, M. *O princípio da razão*.
16. BUBER, M. *Eu e tu*.
17. RILKE, R.M. *Cartas a um jovem poeta*.

CAPÍTULO 2

O AMOR NÃO É UM SÓ

DISCURSO DE PAUSÂNIAS

O discurso de Pausânias apresenta a ideia não de um amor, mas de dois amores, dois Eros, um que se apaixona pelo corpo e outro que faz que nos apaixonemos pela alma. Esses dois Eros estão associados a duas representações da deusa Afrodite: a Urânia – a Celestial – e a Pandêmia – a popular. "O Amor de Afrodite Pandêmia [...] é a ele que os homens vulgares amam"[1] (*O banquete*, p. 49). Esse é o amor pelo corpo, o amor que não é belo, visto que, quando o corpo padece o amor desaparece.

Em seu discurso, Pausânias deixa claro que esse é o amor mais imaturo, dos jovens, e que o outro amor, o de Urânia, é para os mais velhos: "Não amam eles, com efeito, os meninos, mas o que já começaram a ter juízo, o que se dá quando lhes vêm chegando as barbas. Estão dispostos, penso eu, os que começam desse ponto, a amar para acompanhar toda a vida" (idem).

Um amor dividido, um amor que são dois. Esse é o discurso de Pausânias, mas esse é o discurso de tantas outras pessoas. Em qualquer momento da história podemos encontrar alguém que vive no dilema do amor, entre um ou outro. Alguns sequer se dão ao trabalho de se questionar, são dois amores e pronto, um e outro.

A divisão beleza e alma, amor para a juventude e amor para a velhice, amor dos prazeres da carne, amor do prazer de estar junto para sempre, companheiros até o fim.

O amor não é um sentimento fácil e é até mesmo difícil dizer quando ele surge no nosso desenvolvimento; será que um bebê já nasce amando sua mãe?

A voracidade com que ele procura o seio materno se refere à expressão do amor? Quando ele olha para a mãe, para o pai, tem amor aí? A psicologia do desenvolvimento, e a Psicanálise, talvez tire um pouco dessa ilusão desse amor num momento tão inicial da vida. Até mesmo o amor materno, será que ele é incontestável e natural? Elisabeth Batinder, em seu livro *O mito do amor materno*, aborda, dentre outras questões, a expectativa que existe sobre a mãe de que ela deva amar seu filho. Para a autora, o amor materno é uma construção social, e muitas vezes a mulher sofre o peso da cobrança de que deva amar seu filho automaticamente, o que poderia ser uma das motivações da "depressão pós-parto", como já escutei de uma paciente:

"Eu me sentia pressionada ainda grávida. As pessoas olhavam minha barriga, pegavam nela e diziam que era mágico. Eu confirmava que sim com um sorriso forçado, mas me sentia mal por não sentir o que esperavam de mim. Quando nasceu foi ainda mais difícil, pois em muitos momentos eu sentia um vazio, até que caí em depressão". Na terapia, pudemos retomar esses momentos, e ela pôde finalmente assumir o ódio que sentiu pelo bebê. Nas primeiras sessões após esse reconhecimento, foi muito difícil para ela; se sentia um "monstro", nas palavras dela. Com o tempo, pôde compreender que seu sentimento era legítimo.

O reconhecimento desse ódio inicial foi o que possibilitou um amor genuíno na sequência. Antes era um amor forçado e reativo, ainda nos moldes da obrigação, meses depois dessa sessão, uma outra forma de amar pôde aparecer e se expandir.

Winnicott legitima estados como esse e tranquiliza uma mãe angustiada; e não só isso, ele julga necessário esse ódio, e descreve que é melhor ainda que esse ódio materno apareça antes que o filho tenha condições de compreender a existência desse afeto.

No ponto de vista do bebê, o amor também não é tão simples. Melanie Klein descreve um estado psíquico inicial em que o bebê tem experiências ou boas ou más, e isso determinará a qualidade da mãe em ser boa ou má. Tão complexos são esses sentimentos, que, de acordo com ela, o bebê experiencia duas mães, mais precisamente o "seio", bom ou mau. Uma mãe má não significa que necessariamente seja má; na verdade, uma frustração num momento de busca de satisfação já é o suficiente para essa "classificação". Ainda que a mãe frustre por um motivo nobre, por exemplo, ela precise cuidar do outro filho que está doente e atrase nos cuidados do que busca satisfação, o bebê experiencia a mãe como má, um seio mau.

Com o tempo, e com maiores capacidades emocionais e psíquicas, o bebê terá condições de "juntar" essas "duas" mães: mãe boa e mãe má serão integradas em uma mãe só. Aqui acontece o aparecimento do sentimento de culpa da criança, por descobrir que o objeto que ela odiava e atacava era também o objeto amado. Dessa culpa deriva a necessidade de reparação, e aqui surge o amor.

Essas divisões do amor aparecem em diversos outros autores da psicanálise, mas nenhum se aproxima mais da descrição do amor feito por Pausânias do que a divisão amorosa descrita por Freud.

Em 1910, Freud escreveu um artigo intitulado "Um tipo especial de escolha de objeto feita pelos homens"[2], em que descreveu algumas condições para a escolha objetal (escolha de uma pessoa). Chegou assim a um primeiro tipo de condição em que temos um terceiro prejudicado, ou seja, o homem escolhe uma mulher que não está livre, uma mulher casada, noivo, amante, namorado etc. A segunda condição é o amor a uma prostituta que ele descreve, e mais uma vez aqui uma disputa com um terceiro, pelo desejo da profissional do sexo. No primeiro caso, o ciúme está a um parceiro fixo, no segundo caso, o ciúme é por um terceiro que ainda vai chegar; um próximo cliente. Mas em ambos, é necessário um terceiro. Talvez isso explique o fato de que, quando uma pessoa está solteira, ninguém se interesse por ela e quando está num relacionamento (fase da paixão) as outras pessoas se interessam por ela.

Mas vamos seguir adiante no artigo, e chegar ao ponto em que Freud se aproxima de Pausânias, pois ele indica, ao se referir à prostituta, que, quanto mais uma mulher se aproxima do comportamento de uma prostituta, maior valor ela tem. E, muitas vezes, esse homem que fica com a mulher próxima da prostituta visa salvá-la daquela vida promíscua (na visão daquele homem). No consultório, na vida cotidiana etc., escutamos muitas histórias desse tipo, homens, por exemplo, que na visão deles curam sua namorada, esposa, amante etc. não de suas vidas promíscuas, mas de seus desejos, e que depois passam a buscar outra pessoa fora da relação. Criando a famosa separação santa/puta. Ou esta é para transar e esta é para casar.

É claro que o binômio santa/puta não precisa ser atribuído a essa "cura"; afinal, essa divisão está presente em muitas pessoas em suas escolhas amorosas, mas o que chama a nossa atenção é a tentativa de "salvar" o parceiro. Estamos nos referindo a pessoas, em vez de homens, pois as mulheres também podem fazer o mesmo, a divisão do parceiro amoroso e do parceiro sexual.

> *Amor é divino*
> *Sexo é animal*
> *Amor é bossa-nova*
> *Sexo é carnaval*
> *Oh, oh, uh*
> **(Rita Lee e Arnaldo Jabor,** *Amor e sexo***)**

Uma vez encontrei o seguinte diálogo numa rede social: era uma imagem de duas mulheres tomando leite, uma com feição de nojo e a outra com rosto exibindo o prazer. Apesar de o contexto não ser nada sexual, o responsável pela postagem colocou a legenda na mulher com cara de nojo: esposa e na com cara de prazer: amante. Ou seja, a esposa tem nojo de certas práticas e hábitos sexuais que a amante não tem. E então, um comentário da sequência diz: a sua esposa pode ter esse nojo de você, mas ela é amante de algum outro e, com ele, ela não tem nojo. A selvageria da postagem simboliza esta separação.

Será que essa forma de amar de Pausânias é atual ainda hoje? No caso de Arnaldo, sim. Um professor de cursinho, casado há mais de 20 anos, e que tinha um "elixir da juventude" nos romances sexuais que vivia com suas alunas de 18 e 19 anos. Ele procurou análise por questões de "esquecimento" e "estresse"; em pouco tempo seu tema principal era a diferença do vigor de quando começara a lecionar e agora, até finalmente chegar a sua questão: os romances que já não conseguia viver com suas alunas com um terço de sua idade.

Arnaldo - 56 anos

PAC - Acho que estou ficando velho.

PSI - Por que diz isso?

PAC - A idade, né... Já não tenho mais meus trinta anos.

PSI - E o que isso significa?

PAC - Você é homem; você sabe, né?

PSI - O que eu sei?

PAC - Tá bom, vou fingir que acredito que você não sabe. Tô falando de mulher. Não vem me dizer que psicanalista não pensa em mulher...

PSI - Mas qual é a relação de "mulher" e estar ficando velho?

PAC - Adoro esse jeito de vocês analistas fingirem que não sabem uma coisa que sabem... só que não. Acho isso chato, bem que você poderia deixar de ser meu analista por uma hora e falar comigo como um amigo.

PSI - O que mudaria naquilo que você fala se estivermos nesse contexto que você deseja?

PAC - Sei lá, eu só queria comentar, lembrar das minhas histórias com as mulheres.

Aguardo em silêncio.

PAC - Tá bom, entendi, não somos amigos. Enfim, eu sempre tive relação com alunas mais novas, sabe aquelas que acabaram de fazer 18 ou 19? Não resisto. É como se eu apresentasse a vida de adulto para elas.

PSI - Quando você diz que não resiste, o que isso quer dizer?

PAC - Que não resisto, que vou pra cima. Quer dizer, ia. Não consigo mais. Antes era fácil, eu tinha disposição, sabia o que falar, o que fazer. Hoje não sei se sou eu ou se são elas.

PSI - Elas? Não tem nenhuma específica?

PAC - Não tem. Elas são elas, têm 18 ou 19 já chamo de elas. Específica é minha esposa. Aliás, o casamento até piorou por isso.

PSI - Agora fiquei confuso, o que fez o casamento piorar?

PAC - É confuso mesmo até na minha cabeça. Mas digamos que quando eu vivia meus romances com elas, meu casamento fluía melhor. Sabe, esposa é para estar em casa, cuidar de mim, envelhecer do lado; já elas não, é pra me sentir vivo, com energia. Elas se sentem especiais por estarem comigo e eu acabo me sentindo especial por isso.

PSI - Com sua esposa você não se sente especial?

PAC - Não sei, doutor (falando de maneira irônica). Eu guardei ela para a velhice, lá eu descubro.

Afinal, como amamos?

Amamos por uma influência de ligação com nossos cuidadores, e também por representar o contraste absoluto com aqueles com quem aprendemos a ser amados (pai/mãe); e assim caminhamos por estradas familiares e sinuosas em nossas escolhas amorosas, sem que muitas vezes saibamos disso.

Amamos e odiamos; e muitas vezes uma mesma pessoa. Forçosamente, se amarmos verdadeiramente, esse afeto fará parte em algum momento do nosso vocabulário amoroso, porém não necessariamente como apontam os clichês; nem toda relação de ódio significa que há amor. Há muitas outras coisas sobre o guarda-chuvas do amor. Neste sentido, podemos pensar que a relação ódio e amor pode dar-se diante da constatação da alteridade ameaçadora do outro, que revela também a expressão de nossas inseguranças. Podemos considerar as manifestações de ódio e intolerância àquilo que é diferente de nós, tão presentes e constantes nas expressões e narrativas do nosso cotidiano para além do amoroso. Amamos muitas vezes de maneira precária e adoecemos o amor.

A intenção que nos move a pensar é que diferentes modos de viver a experiência de amor vão tecendo os caminhos psíquicos de cada um de nós, e que precisamos do amor – da pulsão de vida diante do sofrimento, para efetivar novas ligações. Com isso, podemos criar um terreno fértil para a construção e reconstrução do amor, passando por entre as primeiras figuras/pais cuidadores, sendo este onde se fundam os primeiros vínculos, e se estende ou se desloca aos filhos, irmãos, amigos, professores, trabalho, relações amorosas etc. Nessa direção, nos interessa pensar: como não cair na ilusão de dependência se antes era ela a dependência de um outro, a condição *sine qua non* para "fazer se nascer" para nossa sobrevivência?

Talvez seja este um movimento permanente em que façamos um exercício que não termina e nos exija enquanto sujeitos humanos, como contribui Hugo Hofmannsthal: "Amadurecer significa separar-se mais nitidamente e unir mais intimamente"[3] (*As palavras não são desse mundo*). Nos parece que o amor exige uma certa maturação. Isso ressoa na qualidade das relações, ora nos encontramos com pessoas demasiadamente intrusivas ou de uma aproximação desmedida, ora com outras que se relacionam diante de uma ausência ameaçadora, e ambos os casos podem significar expressões de mal-estar e angústia para aquele que se relaciona no amor.

Uma paciente diz:

"Rodrigo me mostrou uma forma de amar que jamais pensei que pudesse um dia viver." E continua: "Já amei algumas pessoas e não consigo acreditar que o que sentia era a mesma coisa que sinto hoje, hoje a ausência ou afastamento dele por qualquer razão que seja não significa solidão".

Uma das finalidades da análise consiste em que o analisando descubra ou redescubra em si sentimentos que a excessiva angústia de separação e de perda de objeto o impediram de adquirir ou o fizeram perder: sentimento de autonomia e de liberdade psíquica, força e continuidade interiores, confiança em si e nos outros, capacidade de amar e de ser amado; em suma, um complexo conjunto de sentimentos que caracterizam o que chamamos de maturidade psíquica, que D. W.

Winnicott resumiu tão bem quando fala de adquirir uma capacidade de "estar só", em presença de alguém.

Esta capacidade de viver a solidão como um revigoramento, em relação a si mesmo e aos outros, surge quando a presença do objeto ausente é internalizada. Esse processo progressivo de internalização constitui o resultado específico da elaboração das repetidas experiências de separações seguidas de reencontros.

Ainda sobre dois amores

Amamos da mesma forma? Será que cada pessoa tem uma forma de amar e, independentemente de ser outra pessoa, ela ama da mesma maneira? Ou será que as pessoas amam de diferentes maneiras, a depender da pessoa com quem ela está?

Mães e pais são muitas vezes confrontados com a pergunta: qual filho você ama mais? Em geral, a resposta enfatiza a segunda hipótese, amamos de diferentes formas, pois são diferentes as pessoas amadas. Ainda que a Psicanálise conteste isso; afinal, padrões de modos de amar são evidenciados em uma análise, não podemos tirar totalmente a razão dos pais.

Se pensamos no amor que uma mãe sente pelos seus filhos, é bastante comum que essa diga que os ama igualmente, para satisfazer a demanda de amor simétrico e não causar nenhuma diferença. O que é questionável, pois não amamos igual pessoas diferentes, é em virtude da diferença que amamos unicamente os nossos filhos. Pois cada filho demanda o amor da mãe de uma forma, a partir de uma necessidade subjetiva, e assim ela os ama unicamente a partir de um potencial de amor que lhe é próprio. Isso significa que podemos amar mais de uma pessoa de diferentes maneiras simultaneamente?

A experiência clínica diz que sim, tal como podemos amar e também odiar ao mesmo tempo a mesma pessoa. O que nos chama atenção é a sua forma, suas expressões e a maneira de agir por ele; além disso, quando se encontra com o amor destituído de sacrifícios, afortunado, digno de beleza, como propõe Fedro, um amor no qual suas bases se fundam na experiência de alteridade, como nos inspira trechos do discurso de Pausânias, podemos mudar radicalmente nossa experiência com o amor.

Continuando sobre a singularidade do amor, tomamos a palavra de J. Allouch:

"Amar é deixar o outro ser único." [4]
(***O amor*, Lacan**)

Do ponto de vista do amor paixão seria um crime sustentar a mesma ideia sem que passemos pelas conjecturas da história de vida de cada pessoa, mas de alguma forma não podemos negar que isso acontece. Na clínica e fora dela, pessoas dizem amar eroticamente duas pessoas ao mesmo tempo, mas amam por razões únicas. Isso também acontece no amor pelas nossas amizades, amamos exclusivamente cada pessoa e isso nos leva rumo a um desconhecido infamiliar em nós; amamos por algumas identificações que não sabemos bem explicar, sobretudo amamos à forma de Montaigne:

"Porque era ele, porque era eu." [5]
(***Da amizade*, Montaigne**)

Posto que podemos amar duas pessoas ao mesmo tempo e amar nesta ambivalência estas duas porções contrárias na mesma pessoa: amamos uma parte da pessoa (sendo boa ou má) que se revela, até então, desconhecida a nós. E também como uma contraexperiência de amor, há os que dizem amar, mas tentam a todo custo transformar a pessoa, ruindo com qualquer possibilidade de alteridade.

A exemplo, "Mariah é uma mulher tímida, ela se apaixona por Ricardo, que é mais expansivo, quase o oposto. Diz que se identifica com algo dele que não sabe bem explicar, aos poucos percebe que esse algo dele geralmente é o que a incomoda por não possuir, e que é isso que ela gostaria de ter! Algumas vezes ridiculariza o namorado diante dos amigos por suas brincadeiras nomeadas como exageradas e 'nonsenses'!

O mesmo motivo pelo qual ela se incomoda é o que ela deseja para si. Isso revela não somente suas contradições, mas uma revelação importante sobre si! De pouco em pouco, percebe que tenta modificar o namorado.

Aqui cabe bem a música, com licença poética para a alteração da vírgula: "Uh, eu quero você como eu, quero!"

O que você precisa
É de um retoque total
Vou transformar o seu rascunho
Em arte-final
Agora não tem jeito
'Cê tá numa cilada
É cada um por si

> *Você por mim e mais nada*
> (***Como eu quero**,* **Kid Abelha**)

Se há muitos modos de amar, nos cabe então elucidar no amor paixão qual ou quais seriam as formas dignas de beleza, segundo o banquete do amor; qual é o amor que devemos exaltar?

Nos debruçamos em narrativas mais comuns dos dias atuais, segundo o ponto de vista filosófico e as articulações do campo psíquico, para trazer compreensões importantes sobre o modo pelo qual vivemos o amor.

É a partir de sua expressão que a experiência de amor poderá se desenhar como bela ou não. Bela no sentido que nos direciona para a transcendência. Já advertidos que nem tudo que chamamos de amor nos engrandece, muitas maneiras de amar de maneira apaixonada nos leva a vícios e excessos, nos apequena, cria a ideia de dependência, abnegação, e uma certa compulsão a repetir em novos relacionamentos modelos anteriores disfuncionais de se relacionar com o amor, como referencial em antigos amores que vivemos, na mesma dinâmica amorosa, como na expressão popular vivendo o mais do mesmo, como canta Maria Bethânia:

> *Não sei se é meu destino*
> *Não sei se é meu azar*
> *Mas tenho que viver brigando*
> *Todos no mundo*
> *Encontram seu par*
> *Por que só eu vivo*
> *Trocando?*

> *Se deixo de alguém*
> *Por falta de carinho*
> *Por brigar*
> *E outras coisas mais*
> *Quem aparece*
> *No meu caminho*
> *Tem os defeitos iguais.*
> **(*Foi assim*, Maria Bethânia)**

Sabendo que a partir do momento em que se instaura este "estado de loucura temporária" que é a paixão, trilhamos por caminhos possíveis ao discriminar se desta experiência estamos nos curvando ao desprazer, ao sofrimento, à fixação ou à elevação; acontece que muito provavelmente nos daremos conta a posteriori. A paixão é tributária do egoísmo, ela é cega ao outro; já o amor é outra coisa, mas não podemos negar que todo amante deseja ser amado, e que em ambos os casos sabemos que nem sempre a correspondência acontece. Seja no amor ou na paixão, não se tem garantias. Ainda nessa possibilidade de articulação, será possível, então, um triunfo no amor? Sim. Mas ele não se encontra no final do caminho, não na partida, não na chegada, mas na travessia[6]. E qual seria a tônica para que saibamos "discriminar" se essa seria a palavra que anuncia os modos nos quais sofremos entre os vícios do amor paixão ou nos tornamos virtuosos diante do amor? Há um antídoto que nos proteja do sofrimento?

> *"O importante para um navegante do amor*
> *é saber em que porto quer desembarcar."* [7]
> **(*A gramática do amor*)**

Um dos motivos pelos quais nos atrapalhamos nas experiências amorosas paira sobre a dificuldade que temos em discriminar razoavelmente entre uma coisa e outra. Coisa essa, como no caso da ilusão em que remontamos sobre o outro nada menos que todas as nossas fantasias sobre ele, e não contentes com tal feito ainda esperamos que ele cumpra as fantasias que "nós criamos", que a rigor nos parecem como uma espécie de véu que deforma os laços afetivos e as relações comumente sem que as pessoas se deem conta disso. Porém, quando a realidade se impõe revelando não somente uma verdade sobre o outro, mas também sobre a nossa realidade psíquica forçosamente "arranjada", frequentemente nos frustramos, desiludimos des-idealizamos e sofremos.

A confusão se dá também entre a dificuldade de diferenciar entre prazer e desprazer, que tanto no amor quanto na paixão aparecem e parecem inseparáveis. Desta discriminação, tomando como referência o seu discurso, nos parece que a paixão está para o vício como o amor está para a virtude. Vício que na paixão em seu estado temporário pela sua própria natureza acompanha o sentimento do medo de perder aquele(a) a quem depositamos todas as "fichas", ainda que esta pessoa esteja o bastante idealizada também devido à falta de experiências de convivência que ocorre em função do tempo – tempo esse de devir, acontecer, suceder.

Não raro vemos que na clínica, entre relacionamentos de casais e relacionamentos de compromisso, quando passado o medo (estado que acompanha o *status* da paixão) e adquirida uma suposta segurança ou tranquilidade no relacionamento, as pessoas questionam se ainda há amor e por conseguinte escutamos que a relação íntima erótica "esfriou".

Ou seja, o medo muito presente na paixão entre outros afetos também cria confusões a respeito do amor, mas não só ele. O amor carece que seja reinventado. Posto isso, sabemos o quanto a vida sexual é um pilar importante que sustenta os relacionamentos, e é preciso derrubar os mitos sobre a espontaneidade que impera no momento da paixão.

Todavia é aí que começa o problema; não se trata de condenar ou extirpar a paixão como vilã, como se pudéssemos evitar o sentimento, mas a provocação nos leva a compreender as circunstâncias que a suscitam, como ela nos movimenta e é geradora de desejos, e onde ela desemboca em vez de tentar modular sua força motriz, em vão.

Como vou deixar você, se eu te amo?
Sei que a minha vida anda errada
Que já deixei mil furos, mil mancadas
Talvez esteja andando em linhas tortas
Mas por enquanto eu vou te amando
É o que me importa.
(*Como?*, Paulo Diniz)

A quem devemos exaltar?

As representações seguintes na forma de amar podem nos ajudar na investigação a compreender o segundo discurso, sobre o contraponto apresentado no qual Pausânias faz jus à categorização do amor, sendo esta por meio de duas modalidades de amor; porém, lança luz a questões interessantes a respeito do amor e, como clínicos, mesmo que acreditemos que o amor atravessa estas duas modalidades citadas, nem por isso nos deixa de causar o desejo enquanto discussão.

Se o amor nos salva da morte, o encontro do amor com o erotismo tece sua trama e conjura o amor paixão. O amor no qual ele exalta existe como substrato do tempo diferente do amor de toda a gente nas palavras dele, que seria um amor mais carnal, dito de outra maneira, um amor efêmero no qual se atrai somente pelo erotismo. Já o amor que ele exalta estaria associado ao amor pela alma, este não sucumbe quando o corpo envelhece em razão do tempo. Ao que parece, a conjunção entre amor e erotismo é um dos grandes conflitos em narrativas anteriores, mas que escorre por narrativas atuais.

A relação amorosa como substrato do tempo

Vale dizer que na gramática do amor cada pessoa procura a língua do outro. A convivência, a deliciosa "piada interna", os costumes e o diálogo sustentam uma das vigas do amor e, na ausência dele, criam hiatos entre as línguas e confusão de idiomas, tornando-os enamorados distantes um do outro e senão da vida erótica. "Diga-me que me ama." Parece ser simples para muitas pessoas, enquanto para outras é um sacrifício pronunciar ou declarar o amor e qualquer afeto. Se na canção o sinônimo de amor é amar, diríamos que também amar é sinônimo de ser amado pelo outro, e entre o intervalo de um ao outro está a palavra.

A distância que separa os amantes é também provocadora do desejo, mas uma distância além demais o coloca em suspensão, a palavra cria o fio condutor onde religa o encontro e o reencontro.

A palavra encontra-se no meio e faz ponte na relação amorosa. O pacto das palavras circunscreve a experiência amorosa. Se é no agir que o belo aparece, as palavras criam o meio pelo qual o agir é intermediado.

O amor é uma força. Uma força subjetiva, e se inscreve nas palavras e no tempo. Uma das raras experiências em que, a partir de um acaso inserido no instante, ensaiamos uma proposta ou uma aposta de eternidade; afinal, o amor, segundo Alain Badiou, carece ser reinventado, e acrescenta:

> *Uma declaração pode ser longa, difusa, confusa, declarada, redeclarada e fadada a ser redeclarada [...] tudo deve ser imediato e, ao mesmo tempo, planejado. Assim também acontece no amor. O desejo é uma força imediata, mas o amor exige, além disso, reprises.*
> **(Elogio ao amor)**

Talvez Badiou retrate aqui as experiências, da convivência, do cotidiano:

"O amor conhece o regime das repetições". "Diga de novo que me ama", e não raro: "Diga melhor". E o desejo recomeça. "De novo", ponto em que a exigência do gesto se sustenta numa insistência da palavra, numa declaração sempre nova, sem que nos esqueçamos de que as palavras esvaziadas de sentido também empobrecem o amor.

Respondo que ele aprisiona
Eu liberto
Que ele adormece as paixões

> *Eu desperto*
> *E o tempo se rói*
> *Com inveja de mim*
> *Me vigia querendo aprender*
> *Como eu morro de amor*
> *Pra tentar reviver*
> (***Resposta ao tempo***, **Nana Caymmi**)

O imediatismo seria o contraponto da relação com o amor. Já na paixão o tempo do desejo não cessa e impõe sua urgência. Tempo, aliado número um do neurótico, que na tentativa de manobrar o tempo, ocupa-se dele, de qualquer coisa para esquivar-se do desejo próprio, e do outro.

Mais uma vez recorro à ideia atribuída a Freud de que onde quer que a Psicanálise chegue, o poeta chegou antes. E assim, antes da fala do paciente acima, e de tantas pessoas que fazem essa divisão amor Celeste e amor Pandêmia, o poeta dos poetas, Vinicius de Moraes, apresenta um cenário semelhante em sua vida amorosa, como veremos a seguir num trecho de uma entrevista feita por Clarice Lispector.

Entre maio de 1968 e outubro de 1969, Clarice Lispector, a convite da Revista *Manchete*, entrevistou regularmente amigos famosos (do universo da cultura, músicos, romancistas) na seção *Diálogos Possíveis* com Clarice Lispector[8]. Com muita frequência, fazia a seus convidados – entre eles Chico Buarque, Vinicius de Moraes, Tom Jobim – a pergunta: O que é o amor?

Chico Buarque, em resposta à pergunta, diz:

— "Não sei definir."

No entanto, se acrescentarmos a riqueza de seus versos e sua sensibilidade, como na canção "Futuros amantes", em que canta: "Não se afobe, não, que nada é pra já, o amor não tem pressa, ele pode esperar em silêncio", Chico parece aos nossos olhos versar sobre um amor atemporal, suscitando as possibilidades do encontro amoroso como aposta. Nesse sentido, impõe aos amantes o paradoxo que carrega a distância no que toca o amor paixão, entre prazer e dor, fascínio e horror, diante da calmaria da aposta depositada ao acaso e ao tempo. Convém lembrar que já em outra canção se aproxima da intimidade na convivência do dia a dia de um casal, na canção "Cotidiano"; e entre tantas outras canções belíssimas de seu rico repertório musical, Chico faz-nos pensar no amor como substrato do tempo e conjuga a este tempo a intimidade, onde "moram juntos" sobre o mesmo teto, os costumes, a rotina, a previsibilidade, os excessos e a falta.

> *Todo dia ela faz tudo sempre igual*
> *Me sacode às seis horas da manhã,*
> *Me sorri um sorriso pontual*
> *E me beija com a boca de hortelã*
> *Toda noite ela diz pr'eu não me afastar*
> *Meia-noite ela jura eterno amor*
> *E me aperta pr'eu quase sufocar*
> *E me morde com a boca de pavor*
> (***Cotidiano*, Chico Buarque**)

Seguindo para outro entrevistado de grande expressão, Clarice faz a mesma pergunta a Tom Jobim, compositor, um dos maiores expoentes da música popular brasileira.

Ele responde:

—"Quanto ao que é o amor, amor é se dar, se dar, se dar. Dar-se não de acordo com o seu eu – muita gente pensa que está se dando e não está dando nada – mas de acordo com o eu do ente amado. Quem não se dá, a si próprio detesta, e a si próprio se castra. Amor sozinho é besteira".

O que nos parece é que Tom reforça a ideia de que no amor precisamos lançar-nos ao outro, e, para isso é necessário perder a sombra do olhar narcísico a si próprio; afinal, no amor, o narcisismo infantil nunca sai de campo, uma parte dele preservamos em nós, na qual podemos denominar como amor-próprio ou sentimento de si que influencia nossa autoestima. Mas diríamos que uma outra parte é endereçada a outros às figuras de amor.

Por que alguns sabem amar e outros não?

Pegando de empréstimo o mito de Narciso de maneira simplista, a história narra um jovem que se apaixona pela própria imagem, e entorpecido em si pela sua beleza, acaba morrendo fascinado por sua imagem refletida nas águas. Uma possível interpretação que nos interessa aqui é que para Narciso não existe outro, contrariando as palavras de Tom: "Amor sozinho, é besteira". O que Tom Jobim enaltece é um amor denominado pela psicanálise de amor objetal, onde existe o reconhecimento do outro como diferente de nós e essa seria uma forma mais madura de amar, por ser menos onipotente e "ensimesmada".

Seguindo para a entrevista de Vinicius de Moraes, escritor, compositor, poeta, conhecido também por ser um grande conquistador, ele nos abre possibilidades de entrelaçar e elucidar fragmentos do segundo discurso – o discurso de Pausânias.

Clarice faz a pergunta em menção aos casamentos anteriores do "Poetinha" (assim apelidado Vinicius por Tom Jobim).

Disse Clarisse, em tom provocador, "[...] me veio a ideia de que você ama o amor".

Vinicius de Moraes - Que eu amo o amor é verdade. Mas por esse amor eu compreendo a soma de todos os amores, ou seja, o amor de homem para mulher, de mulher para homem, o amor de mulher por mulher, o amor de homem para homem e o amor de ser humano pela comunidade de seus semelhantes. Eu amo esse amor, mas isso não quer dizer que eu não tenha amado as mulheres que tive. Tenho a impressão que, àquelas que amei realmente, me dei todo.

Clarice - Acredito, Vinicius. Acredito mesmo. Embora eu também acredite que quando um homem e uma mulher se encontram num amor verdadeiro a união é sempre renovada, pouco importam as brigas e os desentendimentos: duas pessoas nunca são permanentemente iguais e isso pode criar no mesmo par novos amores.

Vinicius - É claro, mas eu ainda acho que o amor que constrói para a eternidade é o amor paixão, o mais precário, o mais perigoso, certamente o mais doloroso. Esse amor (citado pela Clarice) é o único que tem a dimensão do infinito.

Clarice - Você já amou desse modo?

Vinicius - Eu só tenho amado desse modo.

Clarisse - Você acaba um caso porque encontra outra mulher ou porque se cansa da primeira?

Vinicius - Na minha vida tem sido como se uma mulher me depositasse nos braços de outra. Isso talvez porque esse amor paixão pela sua própria intensidade não tem condições de sobreviver. Isso acho que está expresso com felicidade no dístico final do meu soneto "Fidelidade": "que não seja imortal posto que é chama / mas que seja infinito enquanto dure".

"A vida é a arte do encontro, embora haja tanto desencontro pela vida."
(Vinicius de Moraes)

Qual Afrodite Vinicius amou?

Referências
1. PLATÃO. *O banquete* (edição bilíngue).
2. FREUD, S. *Um tipo especial de escolha de objeto feita pelos homens (contribuições à psicologia do amor)* [1924]. V. 19.
3. HOFMANNSTHAL, H. *O livro dos amigos*.
4. ALLOUCH, J. *Amar é deixar o outro ser único*.
5. MONTAIGNE, J. *Da amizade*.
6. ALVES, R. *Palavras para desatar nós*.
7. CARMONA, R. *A gramática do amor*.
8. BADIOU, A. *Elogio ao amor*.
9. LISPECTOR, C. *Entrevistas*.

CAPÍTULO 3

DISSONÂNCIAS NO AMOR

Agora é chegada a vez de Aristófanes fazer seu elogio ao amor; no entanto, ele está incapacitado por uma crise de soluços. Apesar de parecer uma passagem simples, apenas um detalhe, não podemos nos esquecer que é justamente isso que mais interessa à Psicanálise, os detalhes. Freud inclusive deixa claro isso no livro *Interpretações dos sonhos*; no famoso capítulo sete, ao se referir aos improvisos e tropeços no discurso do paciente, ou seja, os detalhes que até então eram considerados elementos descartáveis do discurso, Freud afirma que ali está um ponto que um psicanalista não pode deixar passar, nas suas palavras: "Tratamos como Sagradas Escrituras aquilo que outros autores consideraram apenas uma improvisação arbitrária" [1]. Voltando ao detalhe do soluço, Lacan, uma vez conversando com seu ex-professor, o filósofo Alexander Kojeve, recebeu a seguinte afirmativa: "Você jamais entenderá *O banquete* se não compreender o motivo do soluço de Aristófanes" [2]. Lacan nos faz quebrar a cabeça nesse ponto, até finalmente revelar o motivo do soluço: Aristófanes não conseguia parar de rir ao escutar o discurso de Pausânias. Exatamente do que ele achou graça é difícil dizer, mas podemos pegar uma pista com Jacques Alain Miller ao falar sobre o risível do amor, pelo menos nos homens, em suas palavras: "É por isso que o amor é sempre um pouco cômico em um homem.

Porém, se ele se deixa intimidar pelo ridículo é que, na realidade, não está seguro de sua virilidade."³ (Hanna Waar, do *Psychologies Magazine*).

Retomando *O banquete*, o imprevisto do soluço faz que outro seja eleito para falar sobre o amor nesse momento em seu lugar. Erixímaco discursa no lugar de Aristófanes. Enquanto Pausânias faz referência a dois Eros, Erixímaco coloca Eros como aquele que harmoniza os contrários, e isso reservado não apenas aos humanos, mas sim a tudo o que existe no mundo, desde a natureza, os corpos, os afetos etc. Eros seria como uma força cósmica que move todos os seres e a natureza, tudo é atravessado pelo amor. Essa harmonia de Eros, da qual a fala em seu discurso começa em sua área - a medicina, a disciplina que trabalha com a harmonia dos corpos. A doença seria decorrente de algum desequilíbrio, sendo assim, se algo falta ou está em excesso, causaria uma desarmonia e por consequência a doença.

Na sequência, ele aborda a questão da harmonia em outra esfera, a música. Harmonia é um dos elementos que compõem a música, e se refere, de modo simplificado, à combinação de duas ou mais notas. Quando duas notas são tocadas, sucessiva ou simultaneamente, elas produzem efeitos nos ouvintes. Os diferentes intervalos (distâncias entre duas notas) podem soar alegres, tristes ou angustiantes. Assim, podemos dizer que o que nos afeta ao escutar uma música, ou pelo menos um dos pilares fundamentais, é a relação entre as notas, ou seja, a harmonia. A combinação dos sons influencia humores, paixões e até mesmos crenças, como por exemplo na Idade Média, em que um intervalo musical era proibido de ser utilizado, por atribuir a ele uma "presença maléfica". Esse intervalo recebeu o nome "Diabolus in Musica", pois sua sonoridade era considerada perturbadora (dissonante) e de difícil resolução. Se na Idade Média você morreria queimado na fogueira por compor uma música com o trítono, afinal era o som desagradável e de força oculta, no século passado o intervalo ficou superpopular por meio das dissonâncias do *jazz* e da bossa-nova, além de outros estilos; criando pequenas tensões seguidas de resoluções consonantes prazerosas.

Essa ideia sobre a música pode trazer algumas reflexões importantíssimas para pensar a clínica. Lembro-me na época da graduação, quando ao atender um paciente psicótico, recebi a seguinte orientação em supervisão: "Esse paciente é sambinha de uma nota só" não tem o que fazer". Inicialmente frustrado com essa orientação, comecei a meditar sobre essa fala, e recorri à harmonia para dar um destino criativo a isso. Uma "nota só" harmonizada com outras, deixa de ser "uma só" e adquire diferentes sonoridades de acordo com as diferentes combinações. Imediatamente pensei na música "Ária da corda sol" de J. S Bach, que inicia com um violino tocando a nota fá sustenido de forma constante enquanto outras notas são tocadas ao mesmo tempo num movimento oblíquo; assim, temos: fá sustenido junto com um ré, depois o mesmo fá sustenido com um dó sustenido, depois fá sustenido com si, depois com lá, depois com sol, e cada intervalo causa efeitos diferentes no fá sustenido, ou seja, ele soa diferente a cada nota que acompanha. Retomei o "sambinha de uma nota só", digamos que esse paciente passou a ser um fá sustenido, e meus diferentes tipos de cuidado, escuta e sustentação (*holding*) ofereceram condições para que ele pudesse soar de formas múltiplas e não apenas repetitiva.

A análise, ou terapia, acaba sendo para muitos um refúgio às dissonâncias, algo que a pessoa quer se livrar, mas que ao mesmo tempo não consegue abrir mão, e se apresentam "mais fortes que a própria vontade". Perdi a conta de quantas vezes escutei pacientes se sentirem aliviados ao falar de coisas profundamente íntimas e que julgavam estranhas, dissonantes. Poder falar em voz alta dessas supostas estranhezas se configura como uma experiência libertadora. Como certa vez um paciente disse: " Eu sou gay!". E diante da minha tranquilidade com sua revelação concluiu: "Nunca falei isso antes em voz alta, eu só pensava. E você escutou como algo tão normal, que alívio!". Ainda nessa questão da sexualidade, recordo-me de um detalhe da forma que falei e que foi a condição para que um "segredo" fosse revelado. A paciente contava sobre conflitos no casamento e quis entender sua dinâmica em outros relacionamentos, sendo assim, perguntei se antes do marido ela teve "alguém". Foi justamente um detalhe na minha pergunta que fez toda a diferença, ela sorriu e disse: "Que engraçado você falar assim... alguém... pois é, meu grande amor foi uma mulher". Ao longo dessa e de outras sessões ela pôde falar de seus desejos para além do marido, além disso revelou que na verdade havia se casado com um homem para se encaixar num certo estereótipo.

A análise é justamente um lugar em que as dissonâncias e estranhezas de cada um são bem-vindas. Primeiramente a pessoa que procura uma análise tem receio da sua estranheza e pede ao clínico que diga o que ela é ou o que tem para se encaixar em algum modelo preexistente, algo universal e comum a muitas pessoas. Mas quase ao mesmo tempo existe o desejo de ser ou ter algo que mais ninguém tem, algo particular e exclusivo que faz daquela pessoa única. Essa busca pelo universal (ser igual a muitos) e pelo pessoal (ser único) alterna-se diversas vezes ao longo de um processo. O que está em jogo aqui é a sustentação da manutenção da identidade, ou seja, o que o sujeito deve manter de si e o que deve abrir mão, correndo o risco de descartar o fundamental de si, como muito bem declamado por Oswaldo Montenegro na música "A lista": "Quantos defeitos sanados com o tempo eram o melhor que havia em você".

Ainda nessa relação individual/universal, muitas vezes aparecem aqueles "universalizados" em doenças, transtornos, sofrimentos prontos; pessoas que usam o diagnóstico como cartão de visita: sou *borderline*, sou depressivo, sou T.P.N., tenho TDAH. A primeira coisa que faço na clínica é não tomar como universal e pergunto: "Mas me conte como é você sendo um *borderline*"? Essa maneira de chegar no consultório muitas vezes é acompanhada de muita resistência de sair do universal, ainda mais com uma cultura cercada por discursos que ensinam a tratar a doença, o transtorno e não a pessoa.

Não podemos esquecer daqueles presos a uma "normalidade", a uma vida sem altos e baixos, sem emoção, toda previsível e que buscam na análise alguma coisa que os faça se sentirem vivos. Muitas vezes esses são tipos de pacientes trabalhosos, pois se acostumaram a vida inteira a absorver qualquer impacto, sufocando emoções e isolando os afetos, como na vinheta que apresentamos agora: Fernando marcou comigo por telefone. Chegou com alguns minutos de antecedência, entrou, sentou-se e logo perguntou: "Como funciona"?

PSI - Como funciona?
PAC - Sim, gosto de fazer as coisas da forma certa.
PSI - O certo funciona?
PAC - O certo funciona pra todo mundo, aí o barato não sai caro.
PSI - Você sempre faz certo?
PAC - Sim, sempre!
PSI - E o que faz aqui.
PAC - É... puxa, você me pegou! Acho que é isso, alguma coisa não está funcionando.
PSI - Então, algo não está certo com você ou com a sua vida.
PAC - Por que diz isso?
PSI - Você disse que o certo funciona, pensei que por algo não estar funcionando, talvez você ou algo na sua vida não esteja certo.

Uma coisa que acho fundamental na clínica é o paciente se comprometer com o que diz, a palavra ganha muito peso na análise, para permanecerem ou serem deixadas pra lá. Depois desse curto diálogo, preferi ficar calado e compreender como ele lida com o silêncio.

PAC - Então é isso que eu falei, alguma coisa não está funcionando.

PSI - (Silêncio).
PAC - Mas é isso, isso é tudo.
PSI - Você trouxe algumas palavras e isso é tudo?
PAC - Sim!
PSI - E onde você guarda todo o resto?
PAC - Engraçado você dizer isso. Me chamam de pão-duro, mas nunca pensei que fosse pão-duro pra falar.
PSI - Mas agora você acha isso?
PAC - Talvez, mas eu não entendo para que falar muito, uma coisa é e ponto. Sabe aquela filosofia dos estoicos?
PSI - Já li algumas coisas, mas ao que você se refere?
PAC - Se você não pode fazer nada sobre alguma situação, deixe para lá.
PSI - E qual foi a situação que você não pôde fazer nada?

Fica em silêncio, os olhos ficam vermelhos, um nó parece entalado na garganta; olha para mim, para seu relógio, olha para o lado, para cima, não consegue falar. Ele abaixa a cabeça, suspira fundo.

PSI - Você não precisa falar tudo agora. Falar é um exercício.
PAC - (Toma água, engole o nó. E diz: Pai).

Assim foi a primeira sessão, e aos poucos as palavras foram saindo. Inicialmente as sessões eram repletas de nós, e após algumas sessões dei-me conta de que ele se dizia bem resolvido com todas as pessoas, inclusive com o pai, que fora cruel uma vida inteira com ele, e que sofreu um acidente e faleceu... e então meu paciente foi tomado por um sentimento de amor sufocante. Qualquer resquício de raiva, ódio, desaprovação pelo pai foi substituído por um amor infinito, oceânico. Falar do pai sempre era carregado desse grande amor, e o mesmo tipo de dinâmica aparecia em outras relações; era uma pessoa que amava demais para compensar um sentimento de ódio. Aqui estava o objetivo desse momento de sua análise, que pudesse odiar. É claro que o objetivo não é transformá-lo em uma pessoa odiosa, e sim, lembrando o discurso de Erixímaco, buscar a harmonia, mas primeiro, antes de harmonizar, era preciso despertar as dissonâncias.

Será que há dissonância?

Aqui, não podemos deixar de mencionar o quanto é caro ao corpo o sofrimento, e quando este não é originário de questões orgânicas ainda hoje se dá pouco valor, não é validado; a exemplo, falamos cotidianamente que estamos ansiosos esvaziando o sentido particular dos nossos medos, nossas angústias e vazios. Somente quando o mal-estar perpassa o corpo biológico e torna-se sintoma físico as pessoas procuram ajuda para "eliminar tal sintoma", mas não necessariamente buscam ajuda psicológica ou análise para saber de si, da origem de seu mal-estar, ante as causas e os rastros excessivos deixados pela sua história de vida aos dias atuais.

Diante das somatizações decorrentes das perdas, cicatrizes, desamparo e das marcas psíquicas deixadas pelo passado e durante o curso de nossas vidas, adoecemos, padecemos, paralisamos, estejamos conscientes ou não, e os sintomas fazem-se por se dizer na própria carne. São muitos os casos em que o sofrimento é banalizado, silenciado e impossibilitado de expressão, com a legitimidade que lhe é sentido, ou com a humanidade necessária para o atravessamento da dor, como forma de representação.

> *Quero falar de uma coisa*
> *Adivinha onde ela anda?*
> *Deve estar dentro do peito*
> (***Coração de estudante***, **Milton Nascimento**)

Não raro escutamos pelos ares de uma certa "coincidência" discursos e fissuras de sofrimento causados por acontecimentos em nossas vidas, como a perda de alguém que amamos, a separação, ou o distanciamento de pessoas, e não nos surpreende quando, a *posteriori*, culminam para aquele que sofre, em sintomas psicológicos, e se apresentam com muita frequência como expressões físicas. Vemos cotidianamente como se estabelece o modo de sofrer de cada um de nós e como se atestam pela via das somatizações, que surgem em muitos casos como substitutos do nosso dizer, da invalidação de nossos sofrimentos, temores e angústias e são reduzidas a classificações diagnósticas como reduto final impossibilitando a subjetivação daquele a quem padece; a falar, pensar e poder entrar em contato com a sua dor.

Erixímaco faz referência ao amor enquanto harmonia e nesta aproximação pensamos no "paradoxo" do amor e do sofrimento, este último ocorre como dito anteriormente, frequentemente quando perdemos alguém que amamos ou rompemos um laço íntimo com quem temos uma forte ligação afetiva. No campo da clínica, a relação de transferência, ou seja, o paciente colocando o analista no lugar de uma figura significativa de seu passado, se estabelece também na harmonia entre analista e analisando, psicoterapeuta e paciente, a esta afinação que se relaciona com o amor pela cura, Freud caracterizou como o "reino intermediário" este espaço da sessão de trocas e vínculos que designa o coração da experiência psicanalítica para a cura dos sofrimentos relacionados ao amor; afinal, todo espaço comporta diferentes intervalos, e, como já mencionado, cada intervalo pode gerar uma sensação diferente. A simbolização, a expressão das palavras de uma pessoa, de seu "eu corporal" que necessita dizer de seu mal-estar e suas dores acontece entre a harmonia e o acolhimento no qual encontra-se no intermediário das experiências afetivas, fazendo-se vividas na linguagem, mas nem sempre onde cabem as palavras; todavia habitam nas sensações experimentadas, os afetos viscerais desencadeados, como a resposta pela via do corpo que relata o discursante.

Freud fala sobre o sentimento oceânico[4] (*Mal-estar na civilização*), um sentimento de profunda união com um mundo circundante, com o mundo exterior utilizando a fisiologia para tecer uma tonalidade afetiva. A alma a qual falamos aqui ou "aparelho da alma", expressão tipicamente freudiana, não tem uma significação religiosa, mas sim é utilizada para designar a psique, a realidade psíquica de cada um de nós; é relevante dizer que, em grego, alma significa "sopro"- o que nos anima para a vida.

Ódio é um afeto, o amor é um sintoma

A psicanálise entende como afeto fundamental o ódio, mas qual é o sentido de ela pensar assim? Winnicott foi um grande especialista em observação de bebês (dentre outras coisas), e ele deixa muito claro que o bebê inicialmente experiencia os cuidados como uma continuidade da existência.

A mãe pode apresentar um amor imenso pelo filho, mas o mesmo não pode ser dito por parte do bebê. Ele está ali numa luta, ajudado imensamente pelo amor e cuidado materno, para organizar suas pulsões. O grande ganho que o cuidado materno tem ao ser oferecido não é o amor do bebê, mas sim a integração egóica e estados tranquilos do *self*. O primeiro afeto, o que afeta o bebê a ponto de um sentimento começar a surgir, é um outro, o outro aqui é representado como aquele que vai causar uma descontinuidade do cuidado materno. Essas descontinuidades formam os diversos complexos, como Lacan descreve: complexo do desmame, de intrusão e de castração. Privado do seio (tudo o que envolve os cuidados iniciais), a relação de tensão com o outro semelhante e a disputa com o "pai" se constituem como três situações de convite ao ódio, respectivamente. Neste último fica mais clara a passagem ódio/amor; é importante destacar que apesar de o senso comum dizer que amor e ódio são faces da mesma moeda, a psicanálise não pensa dessa forma, o amor é uma derivação lógica do ódio, pois se trata muito mais de abrir mão daquilo que o ódio almejava, ou seja, é o surgimento via renúncia, fazendo que o amor figure como um sintoma e não como afeto. O ódio quer sempre eliminar o outro, o ódio não quer o "dois". Para ele só interessa o um; já o amor não, o amor quer dois, ainda que isso seja totalmente artificial. Quando falo da importância de o "ódio" aparecer no processo, não é dentro daquela ideia de que é preciso amar para odiar e que é preciso odiar para amar, isso até pode acontecer, mas não dentro da lógica que a Psicanálise propõe. Lacan demonstra como as soluções do amor fracassam em ser amor, e as de ódio fracassam na manutenção do ódio. Pensando nesse último, é muito claro como uma pessoa que odeia intensamente uma outra falha em seu ódio, pois passa a amar a odiar (amódio). Assim como qualquer amor sem freio, amor que exige tudo do outro, só pode despertar o ódio. Retornando ao caso, foi somente ao poder falar do ódio ao pai, de uma história de vida de muito ódio, e depois reconhecer isso em tantos outros à sua volta, que finalmente o amor pôde realmente surgir da melhor forma possível na experiência clínica, como reparação ao amor, como metáfora, como sintoma; a força cósmica reparadora, será que a proposta descrita por Erixímaco estaria aqui?

> *Sem a dimensão do afeto, a análise é uma empresa vã e estéril. Sem partilhar das emoções do paciente, o analista se reduz a um robô-intérprete, que faria melhor em mudar de ramo antes que seja tarde demais.*[5]
> (**O discurso vivo**, A. Green, 1992, p. 42).

Opostos

O discurso do médico ao elogiar o amor também mira em suportar as ambivalências, apoiando-nos a compreender as oposições sem que delas se tenha um veredito, mas sim enquanto uma junção; não por isso estabelece que é também da disjunção que se faz o amor nas palavras do médico por meio dos opostos. Por isso, fazendo nos provar o agridoce das diferenças com o outro, sobre o doce e o amargo ele adiciona o intermediário, e coloca que o amor está no "entre", como no intervalo entre notas – e nos orienta também para um amor situado nas experiências mundanas que faz-me lembrar Marguerite Yourcenar, citado por Rubem Alves[6], no qual fala em um poema sobre os 33 nomes de Deus, ou seja, por meio das experiências cotidianas revela situações simples que podem ser traduzidas como a representação de "um pedaço de Deus" sem que se limite a uma única definição a ele, como, por exemplo diz: o mar da manhã, o perfume do capim, um passarinho no céu, um relâmpago silencioso, e assim convoca o leitor para que faça sua própria lista sobre as experiências vividas. De largada, Marguerite demonstra que se interessa pelo caminho e não por sua chegada ou definição. É possível também ver o amor nas situações simples, ele parece habitar entre as pequenas experiências corriqueiras, se manifesta também entre os disfarces, num toque de distração.

Tomados por essa ideia de Marguerite, quais seriam as 33 representações do amor que você adicionaria nesta lista? Podemos apostar em algumas sensações nas quais podemos ser inspirados por Eros, como:

1. O olho no olho no enamoramento
2. As mãos que se tocam e se entrelaçam
3. Sentir o cheiro de um filho

4. Aquele carinho nos braços envolto no abraço
5. Os bracinhos de uma criança pedindo colo
6. O encontro com os pés do outro abaixo do lençol
7. Sentir a respiração de quem amamos
8. Emocionar-se com uma canção
9. O abraço de um amigo que balança de um lado para o outro
10. A voz do outro no áudio às 17:35 na mensagem do celular
11. O sorrisinho maroto de cantinho de boca
12. A saudade do toque, o toque.
13. A contemplação das ondas quando se recolhem e se soltam sobre a areia
14. Olhar o brilho da lua
15. Sentir o vento refrescante na pele
16. Sentir a pele, sentir o arrepio
17. O cheirinho de café preparado por quem nós amamos
18. A antecipação da gargalhada compartilhada
19. Pisar na grama
20. Escutar o canto dos pássaros
21. Ser coberto num dia frio
22. O bilhetinho que acompanha uma entrega
23. A dancinha ridícula e desengonçada que provoca risos
24. A piada interna
25. O silêncio em comunhão

26. O afastamento presente
27. A emoção de um avô ao ver seu neto pela primeira vez
28. O gesto das mãos nos ombros na caminhada
29. O beijo após reconciliação
30. Receber um trecho de um livro no qual fez se lembrar da pessoa
31. O carinho de dedo no entrelaçamento das mãos
32. O entardecer
33. Um rabinho abanando a sua espera quando se entra em casa

Falta e desejo

Não é possível assepsia na terapia, como disse Winnicott: "A Psicanálise me custou nada menos que Tudo"[7]. Do lado do paciente é necessário que algo se perca também; algo precisa ser perdido para dar "jogo", como aquela folga que às vezes fica na roda da bicicleta; jogo é um espaço, e esse não pode ser relegado a um vazio, tem que ter comprometimento do paciente e assim o espaço figura como falta; falta é condição de desejo, e desejo é sempre de completude. No Seminário 20, Lacan deixa claro que é isso que todo analisante vai trabalhar na sua análise, a falta, o fato de o outro existir e esse outro que dá origem ao ódio, afeto inaugural, tão bem descrito na frase de Sartre, "o inferno são os outros"[8]. Esse outro é o inferno, mas também é a condição de existência e também é responsável por dar a concretude da ilusão do par complementar, de maneira belíssima; é possível dizer, como Irene: "O amor é um inferno onde você gostaria de passar a eternidade, porém antes de a personagem tocar a 'linha chegada' percorre uma longa travessia a compreender a conjugação de uma gramática própria, para que o amor aconteça." [9] (A gramática do amor)

Mas isso, ainda em Lacan, só é possível por uma paixão pela ignorância de que no fundo o amor é narcísico, mas como semblante ele faz a ilusão de que é possível a dois. E isso não tem nada de pessimismo ou qualquer coisa parecida; isso é a beleza do paradoxo, que marca o ser humano e que claramente se dialetiza no amor e no ódio. É preciso reconhecer em si ambos, é preciso não ser todo um ou outro, é preciso não os tomar como opostos num binarismo. O amor é uma consequência lógica da renúncia ao ódio; sendo assim, o equilíbrio exato não existe. O processo com Fernando foi marcado, inicialmente, por evidenciar apenas o suposto amor e compreensão pelas pessoas à sua volta, principalmente as mais íntimas e significativas. O reconhecimento de afetos hostis em relação ao pai abriu outras portas de afetos odiosos. Em sua sessão, exclamou que percebia o quanto odiava as pessoas. Nessa mesma sessão, teve uma crise de riso ao se imaginar numa cena:

PAC - Essa semana vi um vídeo curto, cheio de curtidas e com mensagens emocionadas nos comentários. O vídeo sugere que acendêssemos uma vela para cada pessoa que sentimos ódio ou coisas ruins...

[silêncio]

PAC - (Ele começa a gargalhar) – Eu imaginei eu acendendo cem velas. Hahaha, puta merda, eu só tenho ódio dentro de mim.

PSI - Por que diz isso?

PAC - Porque eu só consigo pensar nas pessoas que odeio agora.

PSI - Mas isso significa que só exista ódio?

A sessão seguiu nesse teor, mas percebi que da metade para o final ele começou a trazer qualidades de diversas pessoas e a se depreciar, uma estratégia que chamamos de introjetiva, muito comum em quadros depressivos e melancólicos; manter a outra pessoa num lugar idealizado, e o ataque que originalmente seria direcionado para outra pessoa o sujeito traz para si. No final da sessão:

PAC - Eles estão vivendo suas vidas, sendo felizes, são pessoas do bem; errado estou eu aqui falando mal dessas pessoas, eu que também devo ser odiado.

PSI - Deve ser odiado porque expressou que TAMBÉM sente ódio pelas pessoas?

PAC - Por que falou "também" tão enfático?

PSI - Porque o afeto do ódio não está sozinho em você, existem diversos outros afetos em você, várias outras coisas te afetam.

PAC - Mas dá muito trabalho, é tão mais prático uma coisa ou outra.

PSI - Que coisa? Que outra?

PAC - Um afeto só. Um ou outro. Aliás, acho, às vezes, irritante isso que você faz...

PSI - O que eu faço?

PAC - Além de se fingir de desentendido, fica fazendo esses trocadilhos: afeto, afeta... Mas não é sempre não. Não leve a mal, você é um ótimo profissional.

PSI - Então posso ser um ótimo profissional e ao mesmo tempo ser irritante?

PAC - Sim! Isso é complexo. Queria só gostar ou só odiar.

PSI - Só gostar ou só odiar, quem?

PAC - Cada vez vem uma interrogação e mais caminhos abrem para falar. E eu que achei que não tinha nada para falar quando comecei.

PSI - Alguns dias isso acontecerá. Dias que quer falar, outros que quer odiar, alguns ficar em silêncio. O equilíbrio está no processo, não num momento estático. Como andar de bicicleta, você se equilibra nela pedalando e andando.

PAC - Nossa, baixou o filósofo da rede social agora (diz rindo).

PSI - Odioso, não?

PAC - Quem? Eu ou você?

PSI - Encerramos por hoje.

PAC - Vou embora amando e odiando a análise por isso.

PSI - Lacan vai te ajudar nessa, ele cunhou o termo "amódio".

PAC - Hahahaha, o lema da minha vida! Amódio!

Esconder um afeto?

É mais difícil esconder um cavalo do que a palavra cavalo
É mais fácil se livrar de um piano do que de um sentimento
Posso tocar o seu corpo, mas não o seu nome
É possível terminar uma frase com um beijo assim como é
possível encerrar subitamente uma dança com uma palavra
Seria preciso então entender o beijo como elemento gramatical
Acrescentar as palavras entre os movimentos básicos da dança
Quanto do desejo mora na palavra desejo?
(Ana Martins Marques)

Referências
1 FREUD, S. *Interpretação dos sonhos*.
2. LACAN, J. *O seminário, livro 10, angústia*.
3. MILLER, J. Entrevista a Hanna Waar, *Psychologies Magazine*.
4. FREUD, S. O *mal-estar na civilização*.
5. GREEN, A. *O discurso vivo*.
6. ALVES, R. *Citando Marguerite Yourcenar*.
7. WINNICOTT, D. W. *Da pediatria à psicanálise*.
8. SARTRE, J. P. *Entre quatro paredes*.
9. PEREIRA, D. *A gramática do amor*.

CAPÍTULO 4

A NECESSIDADE DE FAZER DO AMOR UM SÓ?

O discurso sobre o amor que se segue n'*O banquete* talvez seja o mais famoso de todos, e ainda que você não o conheça com esta origem, com certeza já encontrou essa ideia em outras histórias por aí. Se você busca sua "cara metade", ou já ouviu algo assim, ainda que sem saber, está dentro do amor descrito por Aristófanes, o quarto discurso d'*O banquete*.

    O elogio de Aristófanes retoma um passado longínquo em que existia uma espécie humana que não era nem do sexo masculino nem feminino, mas sim um ser dotado de ambos os sexos. Um ser de quatro pernas e quatro braços de forma arredondada, que, caso tropeçasse, imediatamente começaria a rolar como numa circunferência perfeita.

    Esse ser era extremamente poderoso, e de nada sentia falta, era um ser pleno, total, e, sendo assim, nada pedia, inclusive aos deuses. Os deuses, por sua vez, se fortalecem com as súplicas humanas, seres faltantes, e assim, esses seres, os Andróginos, por nada pedirem aos deuses, em nada aumentavam suas forças. Apesar da grande força, os Andróginos queriam ir além, e assim decidiram subir aos céus e enfrentar os deuses. O plano não deu certo e eles foram interceptados, mas não podiam ficar impunes, e então Zeus determinou que fossem cortados ao meio, virando a face de cada um para a frente, a fim de que mirassem o tempo todo o corte, a ferida decorrente da desobediência e da ganância.

Assim, esse ser uno ficou dividido ao meio, uma parte ansiando a outra, à sua metade.

> *A laranja cortada ao meio,*
> *Úmida de amor, anseia pela outra...*
> *É assim, é bem assim que eu te desejo!*
> (***A laranja,*** **Mario Quintana**)

Aristófanes discursa que na origem de nossa natureza, desde a evolução da espécie humana, éramos seres fusionados, seres duplos em uma só carne, e essa realidade mitológica de completude fez e ainda se faz presente no imaginário do amor romântico até os dias atuais. Seduzidos por essa fantasia de preenchimento e resistentes à realidade na qual paira o sofrimento daqueles que vivem a experiência de amor, operamos idealmente nessa lógica nas relações amorosas. Como seres poderosos, possuídos de uma força soberana, onipotentes e tirânicos por excelência, diante do poder que nos foi atribuído, conforme o mito, vivíamos, e até mesmo hoje vivemos numa tentativa de resgate a esta ilusão primordial, conforme versa a psicanálise sobre o amor primário, originário do investimento materno – nosso primeiro contato de amor ou de acolhimento daquele a quem nos cuida e no qual em algum momento da nossa história tínhamos uma relação de dependência absoluta.

Esse teor semântico nos revela que como seres supostamente completos a retórica é que não havia falta e nem a diferenciação entre um e outro; não havia um eu, e tampouco um outro, mas sim um nós em unidade.

> *Carne e unha*
> *Alma gêmea*
> *Bate coração*
> (***Alma gêmea**,* **Peninha**)

Essa ideia de duas metades deu origem a muitos poemas, histórias, músicas, como descritas anteriormente, e também é a matriz de um raciocínio psicanalítico. Para Freud, a fantasia mais primitiva humana é a de que já fomos, outrora, andróginos, em um mundo em que não existia dois, mas apenas um tipo de ser. Um dos momentos mais expressivos dessa história do mito do Andrógino está na análise de uma lembrança da infância de Leonardo da Vinci, um estudo de 1910[1]. A lembrança de Leonardo é de um abutre que teria aberto e acariciado sua boca, enquanto estava no berço: "Me vem à mente como uma lembrança mais remota que, estando ainda no berço, um abutre desceu até mim, abriu minha boca com sua cauda e tocou meus lábios por várias vezes com a cauda" (Leonardo da Vinci e uma lembrança de sua infância). Quanto ao abutre, Freud fez referência a uma deusa egípcia dotada de seios e pênis, análoga ao ser andrógino antes do corte ao meio. A ideia de Freud é que as crianças possuem essa fantasia inicial da mãe como dotada de um pênis. O complexo de castração seria assim o reconhecimento da ausência do pênis na mãe. Mas como explicar isso em termos mais acessíveis e práticos? A criança que chega ao mundo não se questiona sobre a diferença anatômica dos sexos; esse tipo de interrogação só aparece na fase fálica, em que a questão genital passa a ser central, mas é preciso lembrar que existe um exagero fantasioso na potência do genital, visto que, do ponto de vista maturacional, os genitais nessa idade não têm finalidade sexual ou reprodutiva. Porém, na fantasia da criança existe a atribuição de uma grande potência, e, a essa superpotência a algo, damos o nome de falo. Pois bem, tudo gira em torno do falo. É importante não confundir falo com pênis, ainda que a criança nesse momento confunda, talvez por uma cultura que supervaloriza o masculino, ou identifica o masculino com a potência. Sendo assim, meninos e meninas se questionam em relação ao falo.

Resumindo, enquanto a criança acredita que existe apenas o corpo UNO, sem diferença um do outro, ela pode ficar em uma realidade narcísica de ser a única. Porém, a constatação de sexos separados é uma operação lógica que inclui o "pelo menos um é diferente". Isso independentemente de ser masculino ou feminino, menino ou menina, homem ou mulher etc. Essa constatação causa a ferida narcísica, assim como Aristófanes descreveu o Andrógino cortado ao meio, com a face voltada para a ferida. Mas, em Psicanálise, isso tudo ocorre dentro do enredo do Complexo de Édipo, e sua conclusão é, de maneira muito reduzida, reencontrar aquilo que foi perdido nesse "corte", ou seja, saímos pelo mundo em busca da pessoa que é, ou detém a parte que falta para sermos completos.

Oh, pedaço de mim
Oh, metade amputada de mim
Leva o que há de ti

> *Que a saudade dói latejada*
> *É assim como uma fisgada*
> *No membro que já perdi*
> **(*Pedaço de mim*, Chico Buarque)**

Esse resgate ontológico nos coloca à frente da possibilidade de pensar no amor que suporta as perdas, que nos permite nos vincular e também nos desvincular de um outro, mas não sem fissuras, nos remete ao rompimento e à capacidade de retomar, reinvestir sem que deixemos de olhar as cicatrizes que nos marcaram, e talvez a que mais nos interesse aqui é que o sentimento de incompletude também é a mola propulsora que nos leva ao amor.

É sobre a angústia vivida na iminência da perda daquele a quem amamos, ou de algo que é investido de muito valor para nós que sofremos diante das dificuldades do rompimento, do corte, da separação, da frustração e da decepção. Por outro lado, há também a possibilidade de refazer-se, criar e recriar laços, e diariamente escutamos na clínica psicológica dores dessa mesma natureza que se concentra nos grandes sofrimentos afetivos.

Sabendo que o amor como experiência fundante nos protege do sentimento de desamparo e da morte, da mesma forma que o cuidado e a presença de um outro nas primeiras experiências nos protegem da angústia de separação, recriar laços diante da ruptura parece-nos uma batalha constante em que o amor e a beleza do encontro tecem os fios da vida psíquica de cada um de nós. No mito, tudo parecia correr mais ou menos bem até que... como vimos, com a divisão dos seres e o deslaçamento, eles se tornaram incompletos e enfraquecidos. A antítese é que por conta disso tornaram-se também desejosos pela parte que lhes faltava, assim seguiam pela busca, cada parte cindida à procura de sua outra parte que pudesse lhe completar.

Foi então a partir da separação que conferiu um novo predicativo a este ser – sendo este um ser marcado pela falta, feito de ferida em busca de uma parte de si perdida que quando encontrada ou reencontrada tornaria este ser curado e inteiro novamente. Diante disso, articulando a natureza mítica do discurso platônico e frutos de uma linguagem cultural nos parece tentador convergir em alguns pontos. O primeiro deles é o empuxo de unir-se à parte perdida de nós, em busca de um outro que nos faça "todo" sem que nada mais nos falte; encontrando isso ou aquilo perdido, temos a ilusão de sermos todos felizes, todos satisfeitos e todos amados, tornando-nos assim inteiros novamente, fazendo de dois corpos, um.

Encontrar a metade que falta é a paixão da sua forma mais intensa. É importante destacar que o radical da palavra paixão é "pathos", o mesmo que forma a palavra patologia. É possível dizer que estar apaixonado é estar adoecido da completude; é tornar-se com o outro um só, um ser andrógino em que um se completa com o outro. Essa paixão e completude encontramos na relação da mãe com o seu bebê. Winnicott descreve a "preocupação materna primária" em que nessa mulher, a mãe, nada falta; o mundo é ela e o bebê, como uma coisa só, "só não é uma doença porque existe um bebê ali"[2]. Não é exatamente o bebê que preenche essa falta na mãe, ele é muito mais o suporte de uma fantasia. Mas essa lógica não se limita à relação mãe e bebê, o apaixonamento do adulto está na mesma estrutura; apaixonamo-nos por nós mesmos refletidos no outro; elejo uma parte do outro, a voz, a mão, um gesto, o nome etc., qualquer dado real que servirá de lastro, de fundamento para a construção do edifício da fantasia... de completude, é aqui que se produz o amor, diz Lacan:

> *Esta mão que se estende para o fruto, para a rosa, para a tocha que se inflama de repente, seu gesto de pegar, de atrair, de atiçar é estreitamente solidário à maturação do fruto, à beleza da flor, ao flamejar da tocha. Mas quando nesse movimento de pegar, de atrair, de atiçar, a mão foi longe o bastante em direção ao objeto, se do fruto, da flor, da tocha, sai uma mão que se estende ao encontro da mão que é a de vocês, e neste momento é a sua mão que se detém fixa na plenitude fechada do fruto, aberta em flor, na explosão de uma mão em chamas – então, o que aí se produz é o amor* [3]
> **(LACAN, 1992/1960-61, p. 59).**

Aqui está, nesse encontro por acaso, de uma mão que buscava um fruto e encontra uma outra mão, "nada buscava e ao encontrar-te caí a seus pés, apaixonado"[4] (Marcus André Vieira, *A paixão*). Tudo caminharia perfeito, o encontro da outra pessoa, quando nada buscava, e essa outra pessoa funcionando de suporte para a minha fantasia; a base necessária para a construção desse edifício da completude, no melhor estilo:

> *Eu te imagino*
> *Eu te conserto*
> *Eu faço a cena que eu quiser*

> *Eu tiro a roupa pra você*
> *Minha maior ficção de amor*
> *E eu te recriei só pro meu prazer*
> *Só pro meu prazer*
> (***Só pro meu prazer*, Leone**)

O significado de completude está intimamente associado à propriedade do que é completo, perfeito, acabado. Podemos estender outros sentidos análogos à completude como o estado de certeza, definitivo, sem fronteiras, ausência de conflitos. Para concluir aquilo que exerce "o encaixe perfeito, medida exata", como diz uma canção dos anos 1990.

Assim, podemos pensar que todo esse arcabouço de significantes concerne um lugar de apoio para a realidade atual e o imaginário construído sobre o amor nos dias que correm, no qual podemos considerar que, de alguma forma, amamos a perfeição que tanto almejamos e não o amor. Isso nos faz lembrar a expressão de Santo Agostinho "Amabam amare"[5], com tradução "amavam amar", que contextualiza a ideia de amar apaixonadamente a paixão, ou a ideia de estar amando o amor.

Sempre existe o paciente apaixonado. Alguns chegam buscando um dia se apaixonar. Outros chegam dizendo que nunca se apaixonaram. Mas tem aquele que coleciona paixões, sempre uma paixão nova, e com o dizer "mas esse é diferente de todos os outros". Muitas vezes, para não reconhecer em voz alta a repetição amorosa, o paciente começa a faltar, às vezes propõe dar um tempo na análise. O tempo desmonta a paixão, pois ela exige que as coisas fiquem estáticas; afinal, se trata de um edifício, um ponto fixo no outro para sustentar a fantasia. Somado ao tempo, está a fala. Falar da paixão exige a tradução da miragem, da imagem em palavras. Muita coisa se perde nessa tradução, mas o principal ponto está na imprevisibilidade do que irá ser dito, e se um ato falho revela as ranhuras do real atrás da fantasia?

O encontro da mão, dito por Lacan, figura como encontro verdadeiro e completo para um espectador de fora. Assim como ele, Lacan descreve no "Seminário 5" o que seria o casal perfeito: o Sádico e o Masoquista. Um tem prazer em causar sofrimento no outro, o outro tem prazer em sofrer. Mas bater em quem pede para bater seria uma forma de sadismo? Ou pedir para apanhar e apanhar mantém a pessoa em um lugar masoquista? Lacan recorre então a uma anedota:

> *O masoquista diz para o sádico: me bate!*
> *O sádico diz: não!* [6]
> **(*Seminário V*)**

Quando na cena do par perfeito entra a linguagem, as coisas complicam, o outro aparece como outro e não como suporte da fantasia. Voltando à cena da mão que se estende, se do outro lado existe a pessoa dona dessa mão – que também está numa busca a partir da sua falta –, haverá encontro? Será que o que falta em um é exatamente o que tem no outro? E ainda tem a falta do outro, ela é satisfeita também nesse encontro? Ou será que nesse jogo de desejos cairiam numa Quadrilha de Drummond?

> *João amava Teresa que amava Raimundo*
> *que amava Maria que amava Joaquim que amava Lili*

> *que não amava ninguém.*
> *João foi para os Estados Unidos, Teresa para o convento,*
> *Raimundo morreu de desastre, Maria ficou para tia,*
> *Joaquim suicidou-se e Lili casou com J. Pinto Fernandes*
> *que não tinha entrado na história*
> (***Quadrilha*, Carlos Drummond de Andrade)**

OS PARES SE COMPLEMENTAM?

Essa é uma das grandes questões sobre o amor que as pessoas apresentam no consultório. Quantas pessoas chegam com a seguinte queixa: "Ele não é mais o mesmo de quando o conheci!" Traduzindo: ele não funciona mais como objeto suporte da minha fantasia. Começou a se mostrar como um outro.

Que bom que muitos ainda lidam com a defasagem da idealização, apesar de tantos outros preferirem encontrar outro objeto suporte por aí, nos moldes que Bauman chamou de "amor líquido"; amor que não foi feito para durar. E antes que você pense que no passado é que existiam amores verdadeiros, trazendo exemplo dos avós, cuidado! Muitos relacionamentos duravam para sempre porque a mulher, na maioria das vezes, suportava traições, agressões e descuidos do marido, e por um discurso machista de manutenção desse lugar de submissão da mulher.

SERÁ QUE HÁ ESPAÇO PARA AMAR O OUTRO?

Espaço este que se constrói sem a precipitação deste tempo no qual não há abertura para a subjetividade do outro. Será que respeitamos as diferenças desde que ele(a) não se oponha aos nossos desejos? Isso cabe ao questionamento sobre a herança que carregamos sem que nos interrogamos a pensar, a elaborar sobre o que é transmitido a respeito do amor, sobre o banho de linguagem que recebemos o tempo todo, tornando-nos sem anteparo numa solidão angustiante, por vezes mais individualistas, mais egocêntricos e onipotentes, o que retorna ao tema sobre o olhar que faz parte da constituição e identificação de todos nós. Precisaremos mais que olhar, precisamos descobrir a nós mesmos – e ao outro sem que façamos da fusão um apagamento de nossa individualidade e compreender o outro em sua alteridade, pois fixados a este eu narcísico não se faz condição ao amor ou a qualquer laço social; pelo contrário, é superinvestido ao si mesmo.

É que Narciso acha feio o que não é espelho.
(*Sampa*, Caetano Veloso)

Até aqui sabemos que o ideal do amor romântico e os caminhos ecoados por ele muitas vezes levam à clandestinação de uma forma de amar e se relacionar com o amor sobre a ótica da fusão, da dependência que culmina no sacrifício de perder-se de si (perder se de si?) O que nos interroga a pensar que só perdemos algo que um dia tivemos a posse.

Talvez o que o Vinicius de Moraes nos diga em sua fala em entrevista com Clarice Lispector, quando me entrego "me dou todo", pareça menos romântico se olharmos para esta direção. Mas até aí, não há problemas na entrega, em dar-se, o problema reside na anulação voluntária do seu ser, em ser somente para o outro e não preservar nada de si.

Outra questão importante: quantas pessoas temem se envolver em uma relação por se verem assujeitadas quando se apaixonam? Antecipam o tombo das paixões, não se ligam, pois o desligar-se do outro parece ser assustador. Também nos provoca a pensar na precariedade na qual apreendemos sobre o amor, que por meio das perspectivas dos ideais românticos, religiosos e advindos da cultura que em muitos aspectos angustiantes tentam a qualquer preço encobrir e deslegitimar o sofrimento diante do desenlace, da ruptura, da separação, do luto de uma relação que chega ao fim, e muitas vezes não chega. Convivem no mesmo teto ofensas, desqualificações, indiferença e a degradação amorosa que marca o oposto ao amor, para atender ao ideal da plateia como dito anteriormente, mesmo porque o mito platônico ainda nos moldes tradicionais flerta com aquela parte que faltava ao sujeito que, quando encontrada, seria para a eternidade como um bom conto romântico. Acreditando que toda história de amor se encerra com um "felizes para sempre", em antítese ao soneto, que seja eterno enquanto dure.

Isso não quer dizer que uma relação real não possa durar "para sempre", mas vale pensar que o "para sempre", a certeza, o idealismo não nos conferem a falta essencial como substrato do desejo, desejo esse em fazer laço, e sobretudo a continuar a fazê-lo com o outro a quem amamos.

Afinal, escrever sobre o amor é apostar nele, como cura, como transformação e evolução. "No fundo o amor é uma declaração da eternidade, que deve ser realizada ou se desdobrar da melhor maneira possível no tempo", escreve Badiou; e a esse tempo é indispensável tratar o amor como um estado permanente no qual as mudanças são necessárias para mantê-lo vivo.

> *O felizes pra sempre é aqui.*
> **(Steven Universo)**

Gostaria de voltar à questão dos idealismos e um desdobramento do amor romântico como aparato de uma fixação doentia que leva muitas mulheres a permanecerem em relações destrutivas marcadas pelo ciclo de violência que diariamente estampam os noticiários. Este histórico estrutural, utilizando o conceito de Foucault na sociedade de normalização, é uma dentre outras circunstâncias a causa de uma das vigas da manutenção de relacionamentos que adoece, entorpece, paralisa e coloca muitas em risco de vida, em relacionamentos tidos como passionais ou tóxicos, nos quais as repetições mortíferas levam muitas vezes o nome do amor e se tornam frequentes, causando dor e sofrimento e a um destino final trágico. Este tipo de ligação com o outro corrompe a vida psíquica e está ligado à pulsão de morte, sabendo que só há uma forma de "neutralizar a pulsão de morte" por meio da pulsão de vida, lugar do amor, e assim continuamos na empreitada em efetivar novas ligações e o abandono da fantasia de posse sobre o outro.

Retomando, muitos estão no consultório lidando com a defasagem da ilusão, encarando seus parceiros e parceiras mais reais do que antes. Desiludir-se é reviver aquela ferida narcísica inaugural quando constatamos que a mãe tem apenas um sexo e o pai, ou outro, tem outro, a dor de sermos só mais um no mundo. A questão não é biológica, mas lógica: uma mãe com seios e pênis (como Freud demonstra na fantasia de Leonardo) seria análogo ao Andrógino; e, dessa forma, nada falta a ela. Lembra da história dos deuses que se fortalecem com as súplicas dos humanos faltantes? Ou seja, do ponto de vista da criança, ela completa essa mãe, e também é completada. Constatar que a mãe é apenas uma "metade" implica o fato de que algo na mãe falta e onde tem falta tem desejo; sendo assim, a mãe deseja outras coisas para além do filho, e este, neste momento, também vê a si mesmo como insuficiente, faltante, e ao mesmo tempo desejante. É justamente por constatar essa falta em si mesmo que a criança, no futuro, buscará seu parceiro amoroso, sua metade, alguém que restitua sua unidade.

É importante destacar que esse é um impasse muito presente na clínica; por um lado, o desejo de poder desejar, ou seja, ter espaço em relação ao outro e, ao mesmo tempo, a ameaça de desamparo ao não ser mais a parte que falta ao outro. Isso está presente em diversas situações:

1. Filhos e filhas que se queixam da demanda constante da mãe ou do pai. Dizem-se cansados, exaustos, e até mesmo irritados, mas, ao mesmo tempo, quando dão passos para longe dessas figuras, acabam se sabotando ou inventando desculpas de todos os tipos para continuar nesse falso UM com o outro.

2. Pessoas se queixando de seus parceiros e parceiras que não largam do pé, que são muito "grudentos", que a

todo momento solicitam presença. E, ao mesmo tempo, quando esse outro resolve cuidar de suas próprias questões, afazeres e experiências de prazer, causa o incômodo neste que antes era constantemente solicitado. Muitos chegam à clínica sendo essa outra pessoa, dizendo que buscam uma análise para dar mais espaço para a outra pessoa, ser menos dependentes, menos "grudentos". A terapia acaba sendo um lugar duplo, tanto auxilia nessa independência, levando o paciente a procurar novos objetos e experiências, como a própria análise é um lugar de fala e de demandas e que acaba por diminuir em muito os pedidos ao outro da relação; e, assim, esses que antes recebiam súplicas de seus parceiros agora se queixam do analista por "distanciar" o casal.

3. No trabalho, o sujeito que é o tempo todo requerido e que deixa de sê-lo e se sente ameaçado.

Estamos num impasse semelhante ao paradoxo dos porcos-espinhos de Schopenhauer, quando próximos, se furam, quando distantes, morrem de frio. Aqui está um dos motivos pelos quais acho a Psicanálise tão bela; o espaço para o paradoxo. Ele não necessariamente precisa ser resolvido, o que aliás é característica até da dialética do desejo, um querer e não querer ao mesmo tempo. Isso em Freud se referia à questão de o desejo ser algo proibido, pensando em Édipo, se casar com a mãe e matar o pai. O que Lacan mostra são apenas nomes e enredo acessíveis para falar de algo anterior ao proibido, o impossível. Qual impossível?

O sujeito fazer UM com o outro. Nesse cenário, Lacan traz uma das suas máximas: "Não existe a relação sexual".

Não trarei aqui uma explicação profunda para este livro não se tornar muito técnico, mas posso trazer uma explicação rápida para auxiliar na compreensão. Não existe a relação sexual. Isso significa que não existe um que complete exatamente o outro. Lacan, em sua construção lógica, demonstra que o homem sempre se refere a um mesmo ponto, um mesmo lugar de amarração, o falo. Já a mulher, não. Ela também se refere ao falo, mas consegue circular para além dele. De modo bem caricatural, o homem está preso dentro do presídio, não sai de maneira alguma. A mulher também está nesse presídio, mas vive em regime semiaberto. Apesar de repousar ali, ela pode sair para tantos outros lugares o dia inteiro. Esse tipo de raciocínio explica, por exemplo, a questão de que, para muitos homens, falhar na hora do sexo seja algo inconcebível e que, para a mulher está tudo bem. Uma paciente conta que nesse momento disse ao "ficante" "está tudo bem, podemos nos curtir de outras formas"; a fala dela ao invés de ajudar o deixou ainda mais preocupado com sua falha. A questão, obviamente, não se limita ao sexo, a questão para o homem está sempre referida à exibição de uma potência, enquanto para a mulher, não. Robert Stoller, um importante estudioso da sexualidade humana, descreve o quanto diversos quadros de "perversão" sexual consistem em um homem se vestir de mulher, formando a imagem do Andrógino, e colocando em prática uma relação sexual em que pode gozar de maneira infinita, pois na fantasia desse sujeito (e na verdade de todos os homens) a mulher tem um gozo ilimitado, enquanto o homem tem limite. Lembrando a questão do falo, só quem não tem a potência precisa fantasiar uma superpotência.

A essa altura você já deve ter constatado que todos, homens e mulher, são faltantes e que a fantasia entra em cena como uma reparação dessa falta; e, apesar de a fantasia ser algo subjetivo, específico de cada um, certos elementos e roteiros são semelhantes. Você também já deve ter percebido que essa fantasia não é suficiente para reparar essa ferida narcísica, um lugar anterior que supostamente o sujeito era o "falo materno" (lembrando que "falo" é o objeto que supostamente preencheria a falta de uma pessoa; aquilo que completa, que realiza o desejo, e por isso mesmo algo não real). Somando essas duas coisas, consideramos na Psicanálise que essa fantasia é acompanhada de uma sensação de insuficiência ou de inadequação, o que Calligaris chamou de "depressão banal" do homem e da mulher. Não se trata do transtorno depressivo maior ou de alguma patologia, mas sim algo comum na fronteira da fantasia de completude que visa à reparação. Esse lugar de ser o falo materno, chamamos em Psicanálise de eu ideal; e, assim, no homem, temos:

> *[...] sua depressão banal será efeito de um atraso na corrida: ele não vai parar de se medir com os ideais do eu, de corrigir sua insuficiência e de calcular suas chances, sendo sensível aos incentivos ou uma eventual redução de pena.*

E na mulher:

> *[...] já que seu sexo põe em dúvida as chances de responder ao que falta à mãe (que, na verdade, são*

> *nenhuma, para quem quer que seja), a depressão que ameaça se remete mais a uma inadequação fundamental, quaisquer que possam ser, aliás, os seus méritos com relação aos ideais do eu.* ⁷
> **(CALLIGARIS, C.,** *O grupo e o mal,* **p. 222).**

E como será o encontro desse "casal" insuficiência-inadequação? Serão complementares como propõe Aristófanes? Miller nomeia esse encontro de "parceiro sintoma", e, no caso, sintoma como algo do qual o sujeito se queixa, mas ao mesmo tempo não abre mão. Alguns dos (des)encontros descritos por Miller: "O parceiro-sintoma do homem tem a forma fetiche, enquanto o parceiro-sintoma do falasser feminino tem a forma erotomaníaca".

> *[...] para a mulher, seu modo de gozar exige que seu parceiro fale e que a ame [...] seu parceiro é aquele ao qual falta alguma coisa, e que essa falta faz falar, lhe faz falar.*
> *Para o homem, seu modo de gozar exige que seu parceiro responda a um modelo, e isso pode ir até a exigência de um pequeno detalhe [...] o gozo masculino pode ser sustentado pelo silêncio.*
> *[...] o resultado é que o homem é sempre um monstro, e que a mulher é sempre uma chata.*⁸
> **(MILLER, J.A.,** *O osso de uma análise,* **pp. 94-98)**

A forma de amar masculina e a feminina são distintas e não são complementares. O amor feminino é erotomaníaco, ou seja, a mulher precisa sentir-se amada para então amar. Contudo, uma ressalva deve ser feita, o amor feminino não é exclusivo da mulher, pois homens também podem amar de maneira feminina. Enquanto o amor masculino é fetichista, colocando a mulher no lugar do objeto a de sua fantasia[9] (ZALCBERG, 2007).

Bruce Fink deixa claro algumas diferentes perspectivas do (des)encontro das "metades"; em Jung, temos as metades complementares, o homem tem sua contraparte feminina na Ânima, a mulher tem sua contraparte masculina no Ânimus. Em Freud, a complementaridade não é tão clara, mas a resolução final de uma análise, o homem se deparar com o rochedo da castração e a mulher sair do lugar da inveja do pênis, assumindo sua feminilidade, deixaria os dois em lugares de uma possível complementaridade. Já Lacan vai além, e afirma que não existe complementaridade de gozo, de parceiros, que não existe a relação sexual. Que os momentos de complementaridade são possibilitados pelo uso das fantasias, que revelam sua insuficiência com qualquer tentativa de variação. Resumidamente e respectivamente nos três apresentados, as relações são: possíveis, proibidas e impossíveis. Um detalhe importante e deixado apenas para esse momento propositalmente: homem e mulher não equivalem necessariamente a quem tem pênis e vagina, respectivamente. Homem e mulher são formas de desejar/gozar.

TUDO PARA FICAR...

Nesses encontros e desencontros que Luciana entrou em contato comigo, perguntou por telefone se eu atendia casais, eu disse que sim, mas também perguntei se eles faziam suas análises pessoais. Ela respondeu que sim, ou melhor, mais ou menos, ela sim, ele não, imitando sua voz: "Não acredito nessas coisas de terapia". Conversamos brevemente e ofertei um horário para uma entrevista, e dali a duas semanas tivemos nossa primeira sessão. Às 19h o casal chega, Luciana visivelmente esperançosa; Breno parecia querer estar em qualquer outro lugar que não ali. Sentaram-se no sofá e eu na minha poltrona. Nós nos olhamos por alguns segundos e Luciana já começou a falar.

PAC - Finalmente consegui arrastar Breno para a terapia.

(Breno imediatamente faz uma careta de reprovação).
Ela continua:

PAC - Tá vendo só, é sempre assim. Eu falo alguma coisa e ele fica revirando o olho, fazendo careta, tenho tanto ódio disso...

Então, pergunto a Breno:

PSI - Veio arrastado?
PAC - Não, eu vim porque eu quis...
PSI - E por que você quis?
Silêncio, até que:

PAC - Porque ela insiste, não para de falar sobre isso. Que preciso de terapia, que preciso de terapia...

PSI - E você concorda que precisa de terapia?

PAC - Não! Eu não gosto de falar, gosto de ficar na minha. Sou mais prático, sem mimimi.

PAC - Tá vendo só?! É assim o tempo todo, não fala quase nada, quando fala parece que resmunga. Ele precisa de terapia.

PSI - Você acha que ele precisa de terapia porque ele fala pouco?

PAC - Ah, nem te conto. É tanta coisa, só pela mãe que ele tem já precisaria ir ao psiquiatra!

PSI - Bom, a terapia pessoal é uma decisão dele, não acha? Gostaria de saber o motivo que procuram uma terapia de casal.

PAC - Brigamos muito, direto! – diz Luciana.

PAC - Você briga muito; aliás, briga quase sempre sozinha. Eu fico na minha – provoca Breno.

PAC - Eu brigo muito? Eu faço de tudo para nossa relação dar certo!

(Silêncio)

PSI - E dá certo?

PAC - Até que dá. Quase tudo dá – responde Breno.

PSI - O que é que não dá?

PAC - Eu sinto falta de como éramos no começo. Conversávamos bastante, o tempo todo estávamos juntos, rindo juntos, transando... – diz Luciana.

Breno intervém e eles continuam.

PAC - Mas nós ainda transamos bastante!

PAC - Pra você é simples, né? Transando tá bom. Fora que pra você é assim, pá pum. Não tem contexto, não tem antes e depois...

PAC - Mas garanto que transamos mais do que nossos amigos casados. Você não pode reclamar de sexo comigo.

PAC - Eu não reclamei do sexo, eu reclamei que falta todo o resto.

PAC - Todo o resto... (diz Breno em tom debochado).

Ela continua.

PAC - Muitas vezes eu quero mais um beijo na boca e carinho do que sexo.

PAC - Mas eu te beijo! – insiste Breno.

PAC - Beija sem paixão, parece que tá beijando por beijar.

Em alguns momentos parece que a questão está na quantidade. Ela quer mais e ele quer menos, e quando "encaixam" na quantidade, a queixa migra para a qualidade.

Esse é um tipo de relato muito comum na clínica de casais. Mesmo que não seja em uma terapia de casal, as pessoas individualmente abordando seus parceiros, muitas vezes trazem cenários desse tipo, algo que existia no começo e que deixou de existir – metades que não se encaixam, que outrora não só se encaixavam, mas eram praticamente uma coisa só; aquela coisa da paixão de dois fazerem um. Porém, como vimos, isso se refere muito a uma fantasia de completude e para que ela possa se sustentar é preciso que o outro lado não se mexa, fique imóvel, o que só seria possível numa necrofilia, mas quem quer o outro como morto? Uma vez que o outro deixou de ser mero suporte de fantasia, e aparece como sujeito, o que garante esse lugar perdido é o desejo da outra pessoa. Voltar ao que era uma relação no início é muito difícil, diria até mesmo improvável, mas ambos mostrarem que anseiam por isso resolve muito das questões. No caso de Luciana e Breno, por parte dele parece já estar definido como é agora e ponto final, mas ela quer reencontrar, ela quer ir além do que está ali, o que fica claro quando relembramos o que foi abordado anteriormente a respeito da sexuação em Lacan, em que o lado do homem está todo definido ao falo e a mulher também se direciona ao falo, mas não se limita a isso.

A terapia desse casal passou por diversas nuances, e a posição de ambos parecia a mesma, ela querendo mais, ele menos, ela pedindo mais qualidade e ele dizendo que o que oferecia era o suficiente.

Numa sessão, Luciana chegou sozinha, perguntei sobre Breno e ela disse que ele não pôde vir.

PAC - É estranho sem ele aqui, mas às vezes acho que é bom pra algumas coisas.

[...]

Começou a sorrir.

PAC - Desculpe, não consigo controlar...
PSI - Controlar o quê?
PAC - O riso... sabe a letra de "Canção amiga"? Como quem ama sorri (cantarolando).
PSI - Como quem ama ou sorri ou como quem ama sorri?
PAC - Na verdade tanto faz (e sorri).
PSI - E quem você está amando?
PAC - Ufa! Nossa, que alívio! Parece que você sacou, né?
PSI - O que eu saquei?
PAC - Você perguntou quem estou amando, então sabe que não é o Breno.
PSI - Você quer me contar quem é?
PAC - Claro! Precisava te contar, é um ex-colega de escola que reencontrei. Nos falamos o dia todo, trocamos fotos, mensagens, carinhos, ele quer saber de mim o tempo todo e eu quero saber dele o tempo todo. E olha que ainda nem transamos.

Luciana contou mais uma porção de qualidades desse encontro com o ex-colega de escola. Parecia que este preenchia todas as suas faltas, claramente apaixonada. Mas ao final trouxe uma revelação.

PAC - Eu menti. Eu falei para o Breno que não teria terapia hoje. Eu precisava falar com você sem ele.
PSI - Você me colocou numa situação difícil agora...

PAC - Não, fica tranquilo. Eu vou falar com ele hoje, mas eu precisava falar com você primeiro.

O mito do Andrógino nos dá uma pista interessante: será então por meio da busca por encontrar a nossa metade que se perfaz o caminho do amor?
Basta a travessia ou as imprevisibilidades da vida se imporem à nossa frente, diante dos conflitos, para nos mostrar como a ilusão de completude originária do mito não nos leva somente à satisfação quando encontramos no amor a fonte do ser, mas também nos leva à desilusão, à decepção e ao sofrimento quando "perdemos" quem amamos.
Considerando o amor como cantado no trecho "a fonte do ser", podemos pensar o quanto nos sentimos o bastante ameaçados quando corremos o risco de "deixar de ser" diante da iminência ou perda real da pessoa a quem concentramos o investimento do nosso amor. Como nos angustia e sentimos na pele o medo de nos perdermos diante da recusa do amor do outro. O que nos resta a partir desta perda? Legitimar, prantear e elaborar para que não fiquemos morbidamente fixados presos à figura daquele a quem concentramos todo o centro de nossas vidas.

Quem sabe isso quer dizer amor
Estrada de fazer o sonho acontecer.
(***Quem sabe isso quer dizer amor*, Milton Nascimento**)

Na outra semana, recebi apenas Breno. Visivelmente triste, cabisbaixo, sentou na minha frente...

PAC - Você já sabe, né?

PSI - Você se refere a quê?

PAC - Ela está apaixonada por outro cara...

PSI - E como vocês estão com isso?

PAC - Ela está ótima... eu não sei. Eu queria não estar nem aí...

PSI - Parece que muitas vezes você não estava nos lugares, talvez tenha chegado a hora de você estar, sem ser arrastado.

E nesse formato seguimos por muitas semanas. Luciana estava imersa na paixão, e fez um movimento que às vezes aparece na clínica: a pessoa apaixonada evita as sessões, "se dá alta"; como forma de manter a fantasia intacta; afinal, falar desloca, movimenta, desmonta a fantasia.

Breno falou como nunca, sessão após sessão, Luciana seguia com sua outra "metade" no melhor estilo Andrógino de Aristófanes, e assim se passaram os meses. Até que um dia abro a porta, e lá está apenas Luciana:

PAC - Dessa vez não vou mentir. Pedi ao Breno para vir sozinha. Semana que vem virei com ele, mas hoje eu precisava vir aqui sem ele.

PSI - O que houve?

PAC - Ele não era tudo isso! Ou eu, não sei. Nossa, acabou. Ele é mais distante que Breno até.

E assim ela contou sua desilusão, despediu-se e disse que viria com Breno na próxima.

Na outra sessão, vieram os dois. Arrisquei uma intervenção chistosa e provocativa:

PSI - Eis que o casal apareceu, não farei mais par com um ou outro.

Luciana parecia constrangida, pouco falava, quando falava se encolhia. Breno, pelo contrário, estava de peito estufado, como se ele cantasse...

Você vai ver
Você vai implorar me pedir pra voltar
E eu vou dizer
Dessa vez não vai dar
Eu fui gostar de você
Dei carinho, amor pra valer
Dei tanto amor
Mas você queria só prazer
Você zombou
E brincou com as coisas mais sérias que eu fiz
Quando eu tentei
Com você ser feliz
Era tão forte a ilusão
Que prendia o meu coração
Você matou a ilusão
Libertou meu coração

> *Hoje é você que vai ter de chorar*
> *Você vai ver*
> (***Você vai ver*, Tom Jobim**)

O peito estufado de Breno não durou muito tempo, assim como o constrangimento de Luciana. Após algumas semanas, pareciam estar na primeira sessão. E isso se repetiu algumas vezes, ali havia o encontro de dois sintomas que um fazia manutenção do outro. Será amor?

Desejamos também que "dure para sempre" sem que nada façamos, e de um amor em que o amado estará sempre disponível estático, que nos ame independentemente do que se faça do amor. Um amor imobilizado, fazendo disso relações de cativeiro em que o imperativo se torna nada a perder, enquanto o tempo se esvai e mudamos o tempo todo. Isso nos remete à citação atribuída a Heráclito, na qual se refere às mudanças, comparando a um rio em que não se pode entrar duas vezes, pois quando se entra nele novamente não se encontra as mesmas águas, ou seja, nem o rio é o mesmo nem o homem é o mesmo. No início de uma relação somos um, no decorrer dela, se tudo correr organicamente bem, somos outros.

Talvez o amor reviva nas reinvenções, nas criações, para – quem sabe – poder-se viver e não sobreviver pelo prisma de uma repetição do passado, muitas vezes catastrófico.

> *Onde queres descanso, sou desejo*
> *E onde sou só desejo, queres não*
> *E onde não queres nada, nada falta*
> *E onde voas bem alto, eu sou o chão*

> *E onde pisas o chão, minh'alma salta*
> *E ganha liberdade na amplidão.*
> *Ah! Bruta flor do querer*
> *Eu te quero e não queres como sou*
> *Não te quero e não queres como és*
> *Ah! Bruta flor do querer*
> *Ah! Bruta flor, bruta flor*
> **(*O quereres*, Caetano Veloso)**

Apesar do mito das "metades", encontramos pessoas que parecem não buscar coisa alguma, parecem completas. No extremo disso, podemos pensar nos chamados "narcisistas", nome que faz referência ao Mito de Narciso, que se apaixona pela própria imagem como uma maldição, após desprezar uma ninfa (e diversas outras), e nessa maldição estaria condenado a amar apenas a si mesmo. Na experiência clínica, o discurso dessas pessoas é de que não precisam de ninguém, o outro é apenas um objeto; não um objeto que faz falta e preenche, mas um objeto apenas de consumo e uso. Afinal, seria preciso reconhecer a própria falta para que o objeto caiba em algum lugar. H. Kohut, ao se referir aos narcisistas, não pensa esses como uma personalidade a que nada falta. Está muito mais para algo vazio; ou, como pensou Winnicott, pessoas que ainda não chegaram a ser pessoas. A aparência de nada faltar não é privilégio dos narcisistas. Encontramos isso em outros tipos de personalidades, como nas pessoas "obsessivas" que procuram fazer tudo sozinhas não por não precisar do outro, mas para evitar o sentimento de gratidão por qualquer gentileza do outro, que a deixaria, em suas fantasias, no lugar de "devedor".

Para outros, a metade que falta precisa sempre ficar no lugar que falta, ou seja, todo "encaixe é excessivo". Um sujeito que diria para sua metade: "Estou cheio da sua falta", e que busca o lugar de enunciação: "Estou em falta de você cheia" de seus excessos, simplificando, uma pessoa que não quer alguém que a queira, mas sim alguém que diga: "Eu não quero você" ou, mais precisamente "eu não quero mais você" – uma situação de deprivação. Explico: uma pessoa privada nunca teve algo, uma pessoa deprivada teve algo e dela foi tirado. Assim, essa dinâmica se configura como um gozo, a um só tempo prazer e sofrimento: por um lado a dor, por outro lado a busca pela mesma situação de deprivação, de um outro que não a quer mais – essa é a forma com a qual Diogo parece se relacionar com as mulheres.

Caso Diogo - 46 anos

PAC - Por onde eu começo? Nunca fiz terapia antes.

PSI - Por onde você prefere começar?

Ele suspira e começa a falar.

PAC - Então, estou com problemas no meu casamento, e não estou conseguindo lidar com isso sozinho. Preciso que me ajude. Preciso me planejar porque eu quero me separar, mas antes que você me pergunte o porquê de não me separar, já que sei o que quero, eu preciso dizer que nem tudo é tão simples. Estou no meu segundo casamento. Não sou mais um garoto: tenho 46 anos. Sempre fui muito racional. Analiso cada situação para poder evoluir, mas o que está acontecendo na minha vida tem afetado a produtividade no trabalho. Estou ansioso, não consigo pensar direito; perdi o foco, estou com insônia. Irritado!

E foi assim que Diogo começou a falar de seu sofrimento. Sentado na ponta do divã, minha impressão era como se a qualquer momento ele quisesse se levantar, ir embora e acabar com a aflição de estar ali.

Diogo se apresenta na terapia com uma fala descritiva, parecendo no primeiro momento vazia de sentido. As palavras organizadas em esteira revelavam o seu incômodo, em sua fala a denegação de que não seria mais um garoto mais revelava de si do que negava.

PSI aguarda em silêncio, convocando Diogo para que continuasse a falar de si.

PAC - Eu e a "Pati" estamos casados há cinco anos. Tenho duas filhas, uma do meu primeiro casamento – que tem 14 anos –, e a mais nova, do meu casamento com a Pati – que tem 6 anos.

Ele interrompe a fala:

PAC - Eu continuo falando?
PSI - Sim.
PAC - Então, eu sei; aliás, tenho certeza que quero me separar, mas sou muito ligado à minha filha. Somos bem grudados, menina é mais grudada com o pai, né?!

Pareceu esperar a confirmação.

PSI - É também com a sua outra filha "grudado"?

PAC - Não! Com a minha filha Milena do meu primeiro casamento não tenho tanta intimidade por causa da mãe dela.

PSI - Por causa da mãe dela?

PAC - É, foi bem conturbada a nossa separação. Tivemos várias brigas antes de terminar. A família dela se envolveu, entrou no meio, mas eu também tive minha "meia culpa" porque "quando um não quer dois não brigam" – eu penso assim, e toda vez era um sacrifício para eu ver a menina.

"A menina" – se referindo à filha.
E ele continua:

PAC - E depois de um estresse absurdo deixei para lá!

PSI - O que deixou para lá?

PAC - Ah! Foram muitas coisas que aconteceram. Eu já não queria mais a relação; não estava feliz. Aí... comecei a aprontar.

PSI - Começou a aprontar?

PAC - Sim, mas foi no final porque quando nos conhecemos eu estava superafim de ficar com ela. Decidimos morar juntos. A gente viajava bastante, se curtia, mas aí ela engravidou depois de um ano morando juntos. Sei que é terrível dizer isso, mas depois que a Milena nasceu piorou a nossa relação.

PSI - O que piorou?

PAC - A gente não tinha mais relação íntima. Sempre tinha briga por ciúmes porque ela desconfiava de mim. Não podia mais tomar uma cerveja com meus amigos e nem com ela... Eu comecei a aprontar mesmo de raiva!
PSI - De raiva de quem?
PAC - Da situação toda!
PSI - O que você começou a aprontar? – insisto.
PAC - Eu saía com outras mulheres, nada sério. Eu nem vejo como traição porque sexo é sexo, é uma necessidade. Ela também mudou muito, só tinha tempo para a minha filha. Sei que é normal durante um tempo a mulher... depois que tem filho o corpo muda. Essas coisas que são normais, mas ela ficou meio noiada, eu entendo...
PSI - O que você entende?

Fica pensativo e eu aguardo seu silêncio.
Ele retoma, e ignora a pergunta.

PAC - Ah! Já faz tempo, já não consigo lembrar direito, mas ela ficou neurótica. Quando minha filha nasceu, ela mimava demais a menina; e hoje eu falo para ela que temos essa distância por causa dela, ela causou isso.
PSI - A distância é entre quem?

Ele fala com ar sisudo:

PAC - Minha filha não quer mais falar comigo, por conta dela fazer tudo o que a menina quer. Tem o tempo todo para ficar mimando-a porque parou de trabalhar e a família dela banca – eles têm grana. Só que minha realidade é outra. Acho que não é bem por aí. Ela fazia tudo que a menina queria, sempre foi assim. Depois os filhos vão embora e o casal é que fica. Pra você ter ideia, minha filha dormia na nossa cama, para você ter noção de como era isso. Não é normal, né?

Parece que Diego estende sua fala na tentativa de não entrar em contato com algumas perguntas que faço.

PSI - Ela pegou o seu lugar na cama?
PAC - Sim, eu tinha que dormir no sofá, por meses.
PSI - Se você diz que não é assim como ela, o que me parece razoável, visto que são pessoas diferentes... me conta como você é?
PAC - Eu fui criado meio que "na raça". Não conheci meu pai, não tenho o nome dele nem no RG. Minha mãe só trabalhava, e eu entendo porque ela tinha que colocar dinheiro em casa. Ela trabalhava em casa de família e tinha que dormir na casa dessa família algumas vezes por semana; e eu ficava na casa da minha avó. Morei um tempo na casa dela.
PSI - E como era para você ficar na casa da sua avó?
PAC -Minha avó não era de conversar. Não tenho muitas lembranças dela, mas eu sei que ela era muito ríspida e muito seca. Às vezes batia, mas naquela época era normal

bater. Meu avô vez ou outra me protegia, me colocava no quarto para ela não bater. Eu lembro que fugia para a casa da minha mãe, que morava perto, e eles iam me buscar lá. Aí é que eu apanhava mais.

PSI aguarda em silêncio.

PAC - Nossa, nem sei porque falei isso. Quanto tempo a gente tem ainda?
PSI - Eu te aviso sobre o tempo.
PAC - Não posso me atrasar – ele adverte (silêncio). É que preciso me "aprontar" para sair cedo e não pegar trânsito, pois vim direto da academia e vou para o trabalho depois daqui.
PSI - "Aprontar para sair cedo?"

A princípio penso a que trabalho meu paciente se referia, ao casamento – como havia falado anteriormente – ou ao trabalho como ofício. Mas o que me interessava eram as palavras de Diogo que confessavam sua angústia. Quando se referia a aprontar para sair do casamento. Talvez quisesse também aprontar para sair da relação terapêutica antes de entrar nela, "aprontando" comigo para conseguir escapar de situações de conflito, defendendo-se de um mal-estar.
E ele continua:

PAC - Mas eu também era danado quando era pequeno; não era um "santo".

O desconforto causado por não poder controlar o tempo da sessão confessa uma parte que não quer ser conhecida. Necessita se defender para que seja preservada. Tal como a inveja que sente em relação à própria filha pelos cuidados que recebia. Porém ali no *setting* as palavras escapam, confessam algo que a rigor tenta encobrir.

Ele retoma:

PAC - Do que eu estava falando mesmo?

PSI - (aguardo em silêncio).

PAC - Ah! Estava falando da separação.

PSI - De qual separação você está falando?

PAC - Estava falando da minha ex-mulher, mas quero falar da minha esposa atual. Estou enlouquecendo com essa história.

PSI - Qual é a história?

Diogo mostra-se ansioso, esfrega as mãos, e olha no relógio mais uma vez.

PAC - Bom, é que já passei por uma separação antes e não foi fácil. Foi bem conturbado, fui julgado, como se eu tivesse cometido um crime. A família dela se envolveu demais. Eu era muito novo e quando nos separamos ela se mudou para o interior, para a casa dos pais; e levou minha filha, mas confesso que quando ela foi, foi uma paz!

Ele continua:

PAC - Foi um alívio. Minha vida estava um inferno!
PSI - Quantos anos a sua filha Milena tinha?
PAC - Dois anos na época; e durante o processo de separação me aproximei da Alê. Namoramos e hoje ela é minha atual esposa, de quem eu quero me separar agora. Encontrei ela em um site de relacionamentos de encontros extraconjugais. Ela também tinha uma pessoa.

Diego continua.

PAC - Eu estava "quase" me separando na época. Ela me ajudou muito e decidimos morar juntos... os dois moravam sozinhos. Para os nossos custos com aluguel e tudo mais fez sentido e também não foi só isso, nós nos identificamos muito e tudo ajudou na época. Eu não me importava que ela tinha outra pessoa, mas ela resolveu terminar e ficamos juntos. Só que parece que não nasci para me relacionar; quando as coisas estão dando certo acontece alguma coisa.
PSI - O que acontece?
PAC - Eu estava "ok" com a Alê... vida normal e quando percebi me apaixonei pela Clara.
PSI - Quem é a Clara?
PAC - É uma gerente de projetos na empresa onde trabalho; é uma multinacional. Então, eu não consigo parar de

pensar nela. Não tenho paz, já desmarquei cliente para almoçarmos juntos; eu nunca fui assim!!

PSI - Assim como?

PAC - Nunca me apaixonei ou amei, sei lá! Só que isso está me prejudicando no trabalho, me consumindo, e eu não tenho mais paz!

PSI - O que está tirando a sua paz e tornando um inferno novamente?

PAC - Essa loucura que estou vivendo e ter interesse por outras mulheres. Isso parece que não passa! Sempre fui assim. Nunca consegui levar um relacionamento sem traição, com uma só mulher! O pior de tudo é que eu não penso em outra coisa que não seja estar com a Clara; trocaria todas por ela.

PSI - O que você quer, Diogo?

PAC - É por isso que procurei terapia! – diz ele em tom irônico.

(aguardo em silêncio)

PAC - Quero conseguir raciocinar, mas parece que estou obcecado por essa mulher. Tudo que penso envolve ela. Parece um vício. Chega sábado e domingo é uma tortura porque não vou vê-la na empresa. Estou bebendo uma "latinha" por dia. A Alê está percebendo que tem alguma coisa diferente e fica me enchendo o saco com o ciúme louco dela.

PSI - Deixa eu tentar entender, Diogo. O que está acontecendo entre você e a Clara?

PAC - Nós trabalhamos juntos no mesmo andar na empresa, em áreas diferentes, mas temos interfaces em alguns projetos em comum. Então nos vemos direto, fazemos reuniões juntos, almoçamos algumas vezes, transamos uma única vez. Ela também é casada, mas depois que saímos, no dia seguinte, me chamou para um café e disse que não queria mais, que foi a única e última vez. O pior é que rolou uma química, uma conexão foda, desculpa a palavra.

Ele faz uma expressão que parece ser de indignação.

PAC - Agora disse que não quer mais, que se arrependeu. A justificativa é que eu tenho família e ela também... É muita sacanagem!
PSI - Sacanagem?
PAC - É! Só que eu acho que ela tá mentindo. Não é possível que eu esteja ficando louco. Ela me dá umas olhadas na empresa; alimenta, sabe? Parece que quer fazer ciúmes pra mim, mas quando tento me aproximar tocando nesse assunto ela diz que não quer mais falar sobre isso, que não vai mais acontecer. Já tive vontade de chorar de ódio!
PSI - Ódio?
PAC - Mas não é o que sinto. Acho que é amor. Nunca senti isso por ninguém.
PSI - Por ninguém?

PAC - Nunca, nunca, nunca! Eu sei que estou fora da casinha, mas eu acho que demorou para eu encontrar alguém na minha vida que me pusesse nos trilhos. Ela é incrível, meio tímida – do jeito que eu gosto –, superinteligente, segura, além de muito bonita. Eu a admiro como profissional, mas ela é bem mais nova que eu... espontânea, engraçada, estilosa.
PSI - Que casinha?

Ele ignora.

PAC - É, eu quero parar com essa palhaçada e me separar de vez. Ficar livre e tentar com a Clara porque sei que podemos viver algo legal. Nunca senti isso que estou sentindo. Acho que encontrei o amor da minha vida e não vou deixar pra lá.
PSI - O que você não quer deixar pra lá desta vez?

Ele me olha de maneira odienta e silencia. Aos poucos, baixa a cabeça, se encosta no divã, sai da beira do estofado, cruza as pernas e esfrega os olhos com as mãos.

PAC - Eu não entendo. As coisas são diferentes.
PSI - Me conta como era a relação com a sua esposa antes de a Clara aparecer.
PAC - Era tranquila; a gente gosta de várias coisas em comum. Não é como no começo, mas é legal. Meu

relacionamento não é ruim, é funcional, mas eu dei umas escapadas. Nada sério, só desejo carnal mesmo.

PAC - Eu não sei mais o que falar, eu não tenho mais sossego. Não durmo direito. Tô irritado. Eu estava meio desleixado como homem, por isso eu acho que escapava também... mas comecei a me cuidar depois de sair com a Clara. Voltei para a academia e hoje sou outra pessoa. Perdi 10 quilos que ganhei na pandemia. Comprei perfumes novos, fiz tratamento estético.

PSI - E o que isso significa?

PAC - Que depois que a reencontrei me recuperei como homem. Achei até que estava impotente, pois não tinha mais tanta vontade de sair com outras mulheres, sabe?

PSI - Me deixa entender.

PAC - Na época viciei um pouco em vídeos e sites adultos. Eu queria saber o que estava acontecendo comigo. Não estava mais na "ativa". Sempre fui um cara que conseguia sair com as mulheres que eu queria. Nunca tive problema com isso, mas não tinha mais tanta vontade. Comecei a achar que estava ficando cansado, mas apareceu a Clara e vi que o problema não sou eu.

PSI - O problema não é você?

PAC - É jeito de falar! Você não sabe como isso é para um homem! Pensei em procurar um homem para quem eu pudesse dizer isso. Mas vou pensar se vou continuar com você!

PSI - Está se aprontando para sair mais cedo?

PAC - Não, pera lá! Já tinha falado isso antes para você por telefone, que eu iria testar! Sei lá, vamos ver se rola – ele dá um sorriso sedutor.

PSI - Ver se rola? – não entendi. Intervenho em tom sério.

PAC - É brincadeira.

Desconcertado, ele continua:

PAC - Então... Posso parecer meio maluco, mas gostaria de me separar de novo para ficar definitivamente com a Clara e ficarmos juntos mesmo!... mas ela disse que não iria se separar do marido. Faz três meses que eu estou nessa agonia. Ela diz que foi só um momento. Disse que ama a família e o marido, mas eu duvido.

PSI - Do que você duvida?

PAC - Duvido que ela não sinta nada por mim, porque tivemos uma conexão e não aceito ter acabado; não entra na minha cabeça.

PSI - Não aceita ela ter acabado ou que ela também te trate como um ideal sexual?

PAC - Ela não é desse tipo.

PSI - E quem é desse tipo?

PAC - Ah! Sei lá – ele solta um sorriso nervoso.

PSI - A que tipo você está se referindo?

PAC - Algumas mulheres que querem só sexo.

Ele continua:

PAC - Eu acho que ela não quer admitir que eu mexi com ela no nosso encontro.
PSI - E o que você não quer admitir?
PAC - É sério. Eu sinto mesmo que ela gosta de mim, porque quando ficamos ela disse que nunca tinha ficado com ninguém depois de se casar. Eu fui o único. Ela é uma linda, tem vários que gostariam de sair com ela.
PSI - Vamos ficar por aqui hoje?
PAC - Há? Só mais um pouco. Você não vai me deixar aqui angustiado.
PSI - Acabou o nosso tempo, Diogo.

Ele ignora.

PAC - A verdade é que eu aceitaria o melhor dos dois mundos. O problema é que o mundo de lá caiu. Eu vou enlouquecer, sério – ME AJUDA!

Ele pede num tom sério e aflito.

PAC - Posso pagar o outro horário para estendermos?
PSI - Não, Diogo. Já tenho outro paciente no próximo horário.
PAC - Sinto uma dor no peito. Sou homem. Eu sei quando uma mulher tá a fim. Você percebe, você não concorda comigo? Você percebe quando uma pessoa está a fim?

PSI - Me interessa saber o que você percebe, Diogo. Quero te escutar, mas não hoje. Posso te esperar na próxima sessão.

PAC - Eu queria fazer uma pergunta. Esse negócio de vício em pornografia, eu queria entender.

PSI - Temos que terminar hoje.

Levanta e abre a porta.

PSI - Te aguardo semana que vem.

Diogo continuou por três anos o processo. Diante de uma repetição mortífera, Diogo parece desligado do amor, dos limites do respeito a si e ao outro. Enclausurado numa relação, identificado com a mãe, cujo desinteresse pelo outro marca um superinvestimento em si e a impossibilidade de ser tocado pelo amor. Pela retina que observa as imagens, o inferno são os outros, como ideia a sartriana. Essa parte avessa, obscura, mostra que o encontro com Clara, mesmo que idealizada por ele, abre um caminho para que sejam experimentados afetos, em que o "eu" de Diogo prendia-se à casa materna. A vida de Diogo, marcada por excessos, urgia por limite, um equilíbrio; afinal, o psiquismo é um processo de contínua transformação, e ele desejava falar de si; e a terapeuta também desejava escutá-lo. Esse ódio que sentia poderia somente ser neutralizado pela experiência de amor.

Diogo não se deixa tocar pelo outro, há um retorno à sua infância que com sorte terá que se haver. Em seu discurso, há uma teatralização de si mesmo. À medida que o processo foi evoluindo, a exigência rígida de que eu concordasse com suas ideias e lhe respondesse às questões sem que parecesse um ataque no qual ele teria que aprontar para desligar-se da terapia, ou controlar o tempo das sessões, na relação de transferência, foi abrindo-se para um espaço de elaboração simbólica de sua dor diante dos abandonos, da mãe e pai ausentes, a uma avó hostil nas palavras dele. A troca terapêutica deu a Diogo a possibilidade de reeditar o seu desamparo.

Durante o processo não se esquivava tanto das questões que lhe convocavam a "cair na real". Com o passar dos "danos", expressou a raiva de uma avó rancorosa e pôde alcançar uma tentativa de perdoá-la – nas palavras dele, entrou em contato com a ausência do pai em seu registro físico e simbólico de que não o preparou para o mundo, e a mãe inútil, conforme suas palavras, e inconscientemente depositava a desvalorização dela nas mulheres com quem se relacionava. Esses sentimentos foram gastos em palavras e afetos, da carência a defesas que se utilizava. De pouco em pouco foi entrando em contato com sua precariedade. Isso foi o libertando da condenação das repetições, desfazendo o nó que o faria refém de si, oferecendo condições para a representação de algo traumático, ou seja, atribuindo um sentido ao que era percebido em suas repetições: "O paciente repete em lugar de recordar"[10], escreve Freud em 1914 (*Recordar, repetir e elaborar*). Diogo atuava presentificando na repetição aspectos de seu passado infantil; afinal, "em todo adulto sobrevivem a criança e seus complexos", como descreve Marion Minerbo:

> *A criança no adulto é uma espécie de cicatriz viva da personalidade, testemunho da situação traumática, das angústias e das defesas que tivemos que usar ao longo de nosso desenvolvimento psíquico. Uma situação traumática é o conjunto de experiências emocionalmente excessivas, geralmente vividas na relação cotidiana com o objeto primário, que ultrapassam a capacidade de interpretação do sujeito na época em que acontece. As marcas psíquicas deixadas por essa situação têm, então, dois destinos possíveis: o recalque e a clivagem.*[11]
> **(Diálogos sobre a clínica psicanalítica)**

Ele algumas vezes remarcava as sessões de última hora, mas os encontros foram dando espaço e construindo uma relação menos ameaçadora e segura em que pôde compartilhar seus sentimentos sem fazer se condenando a eles. Pôde experimentar o amor, o afeto em seus relacionamentos.

O remorso ou a reparação dava notícias sobre uma mínima abertura para a troca com outras pessoas. Podemos pensar que foi uma conquista para ele, para nós, um trabalho pautado pela ética do amor de transferência, amor este vivido figurado à com(paixão) em respeito à legitimidade da dor do outro; um amor, nas palavras de Ogden, "mediador que abre caminhos para possibilidades de ligação e de vínculos para que aquele que sofre possa sonhar os sonhos não sonhados e os gritos interrompidos, acolher e transformar os terrores noturnos para que eles possam ser pesadelos, e os pesadelos, para que possam ser sonhos"[12].

E aos poucos Diogo foi entrando em contato com as suas fantasias, estabelecendo relações mais significativas e lidando com a sua onipotência.

E então... ao descobrir-se para além de todas as suas repetições e sintomas, construiu em si um lugar amável, de uma carência latente. Descobriu também o amor pela sua esposa atual e viveram felizes para sempre... ops!

Esse aqui é o desejo da escrita romântica e não dos analistas, que têm pouca ou nenhuma serventia na análise. O que há é o desejo de continuar escutando, ajudando Diogo a atravessar sua experiência emocional para apostar em amar melhor. Na verdade, Diogo encontra-se na travessia. É preciso saber de si para ligar-se ao outro. Não há um si mesmo sem o outro.

Ah! E você pode estar se perguntando quanto à situação de Diogo com a Clara...

Como escreve Betty Milan, "você atira no que viu, e acerta no que não viu". Isso cabe muito bem à análise de Diogo.

Dividido entre dois mundos
Sei que estou amando, mas ainda não sei quem!
(***Borboletas**,* **Victor e Leo**)

Referências

1. FREUD, S. *Uma recordação de infância de Leonardo da Vinci.*
2. WINNICOTT, D. W. *Da pediatria à psicanálise.*
3. LACAN, J. *O seminário, livro 8, a transferência.*
4. VIEIRA, M. A. *A paixão.*
5. AGOSTINHO, S. *Confissões.*
6. LACAN, J. *O seminário, livro 5, as formações do inconsciente.*
7. CALLIGARIS, C. *O grupo e o mal.*
8. MILLER, J. A. *O osso de uma análise.*
9. ZALCBERG, M. *Amor paixão feminina.*
10. FREUD, S. *Recordar, repetir e elaborar.*
11. MINERBO, M. *Diálogos sobre a clínica psicanalítica.*
12. OGDEN, T. *Esta arte da psicanálise.*

CAPÍTULO 5

O AMOR BELO E JOVEM

Agatão, o anfitrião da festa, foi escolhido como próximo, para então Sócrates finalizar os discursos. Era reconhecida por todos a sabedoria de Sócrates, e ansiavam por seu discurso. Este, no entanto, afirma estar inseguro por discursar após Agatão. Agatão diz que Sócrates, na verdade, quer enfeitiçá-lo com esse tipo de fala. Em resposta, Sócrates relembra da vitória na noite anterior de Agatão, diante de uma numerosa plateia. E para colocar um ponto final, Agatão diz:

> O que, Sócrates! – exclamou Agatão; não me julgas sem dúvida tão cheio de teatro que ignore que, a quem tem juízo, poucos sensatos são mais temíveis que uma multidão insensata.[1]
> (*O banquete*, p. 89)

Mais adiante, mostraremos que essa cordialidade não é apenas educação entre "cavalheiros". Eros está no ar; não podemos nos esquecer. Falemos disso mais adiante.

Seu discurso começa advertindo que os discursos feitos até então pareciam não elogiar ao Deus Eros, "mas os homens que felicitaram pelos bens de que o deus lhes é causador". Eros, para ele, é o mais feliz de todos os deuses, por ser o mais belo e o melhor. O mais jovem, pois foge da velhice; e, além de jovem, o mais delicado – tão delicado quanto a deusa Ate, descrita assim por Homero:

> *Seus pés são delicados; pois não sobre o solo se move,*
> *mas sobre as cabeças dos homens ela anda.* [2]
> **(Ilíada, XIX)**

Pois assim é o Eros de Agatão, e afeta tanto os homens quanto os deuses, e que, ao lado do Destino, não pede satisfação a ninguém; e, em sua forma úmida, como dita por seu orador, Eros pode adentrar em qualquer alma sem ser percebido. Dessa forma, o amor parece coisa que independe de nossa atenção, talvez semelhante à felicidade de Guimarães Rosa, que disse: "Felicidade só em raros momentos de distração"[3], mas a distração não é como estar desligado, mas querendo que o outro o queira. Parece que ele chega de uma forma que independe de qualquer querer, como cantou Toninho Horta:

> *O amor é natural,*
> *ele chega quando quer*
> *ele fica o quanto quer*
> *ele vai se quiser.*
> **(*Caso antigo*, Toninho Horta)**

O amor parece muitas vezes um soco que não dá para saber de onde veio, como na frase do amor à primeira vista em *Os Sofrimentos do Jovem Werther*, de Goethe, para Carlota: "Nada buscava e te ver me fez cair desesperadamente apaixonado" (*A paixão*, Vieira, M.A.):

> *Te vi, juntabas margaritas del mantel*
> *Ya sé que te traté bastante mal*

No se si eras un angel o un rubi
O simplemente te vi
Te vi, saliste entre la gente a saludar
Los astros se rieron otra vez, la llave de mandala se quebró
O simplemente te vi
Todo lo que diga está de más
Las luces siempre encienden en el alma
Y cuando me pierdo en la ciudad, vos ya sabés comprender
Es sólo un rato no más, tendrías que llorar o salir a matarme
Te vi, te vi, te vi, yo no buscaba nadie y te vi
Te vi, fumabas unos chinos en Madrid
Hay cosas que te ayudan a vivir
No hacías otra cosa que escribir
Y yo simplemente te vi
Me fui, me voy, de vez en cuando a algún lugar
Ya sé, no te hace gracia este país
Tenías un vestido y un amor y yo simplemente te vi
Todo lo que diga está de más
Las luces siempre encienden en el alma
Y cuando me pierdo en la ciudad
Vos ya sabés comprender, es sólo un rato no más
Tendría que llorar o salir a matarme
Te vi, te vi, te vi, y yo no buscaba nadie y te vi
Te vi, te vi, te vi, y yo no buscaba nadie y te vi
(***Un vestido y un amor**,* **Fito Páez**)

E assim começa a história de muitos amores descritos na clínica. Recordo-me ainda hoje de uma palestra da primeira década do ano 2000, de José Outeiral. Nesse encontro, ele falava de adolescentes que se cortavam, os "cuttings". Foi apenas um comentário, tendo em vista que sua leitura sobre os casos foi ampla, mas minha escuta pegou um curto trecho que sempre me auxilia no atendimento/na análise de adolescentes. Lembrando de memória, e muito provavelmente com alterações da minha lembrança, ele comentou sobre o dia (é claro que não é exatamente um dia), o dia em que o colega da infância muda de significação, a amiga, o amigo, por quem se tem o sentimento de ternura é invadido pelo desejo, e toda a revolução pulsional que causa no desejante. O corpo muda, a proximidade excita, o frio na barriga, a náusea, incontrolavelmente invadido por esse tal amor erótico por quem até ontem era apenas um colega. Muitos adolescentes diante desse turbilhão de coisas buscam qualquer tipo de recursos que freiem ou deem contorno ao transbordamento pulsional, o corte como tentativa de impedir uma crescente incontrolável. Alterando a canção: *te via, te via, y yo no buscaba nadie y te vi*. Minha experiência com adolescentes não se limita à clínica. Durante muitos anos, fui professor de música de diversos adolescentes, e vi o dia D em diversos deles, o dia D em que a "astronave" chegava:

> *E o futuro é uma astronave*
> *Que tentamos pilotar*
> *Não tem tempo, nem piedade*
> *Nem tem hora de chegar*
> *Sem pedir licença*
> *Muda a nossa vida*

> *E depois convida*
> *A rir ou chorar...*
> **(*Aquarela*, Toquinho)**

O dia de cada um eu não sabia quando ia chegar, mas sabia que uma hora chegaria, e já estava preparado para o rendimento de estudos cair quando esse Eros de Agatão chegasse silenciosamente, às vezes acompanhado da seguinte frase: "Saulo, fodeu!" E assim eram conversas e mais conversas, busca de contorno, de dar vazão, de conter, de interromper etc. Com muitos, foi possível transformar esse momento em música, em letras, composições, e claro, rebeldia, *rock'n roll*.

Na clínica, não só os adolescentes chegam com essa demanda, nos adultos também é recorrente; a distração está aí para todas as idades. Nesses adultos, às vezes o Eros "invasor" chega em quem já tinha alguém na vida, como uma pessoa que me procurou:

PAC - Eu preciso resolver algo rápido.

PSI - O que você precisa resolver?

PAC - Estou sentindo coisas por uma pessoa e preciso parar de sentir isso.

PSI - E o que você sente?

PAC - Penso nela o tempo todo. Fico tenso perto dela; frio na barriga, um inferno.

PSI - Sintomas de paixão?

PAC - Exatamente!

PSI - E qual o problema disso?
PAC - Sou casado. E não é com ela!

> *Veja bem, nosso caso é uma porta entreaberta*
> *Eu busquei a palavra mais certa*
> *Vê se entende o meu grito de alerta*
> *Veja bem, é o amor agitando meu coração*
> *Há um lado carente dizendo que sim*
> *E essa vida da gente gritando que não*
> (**Grito de alerta**, Maria Bethânia)

E assim seguimos por algumas sessões, e é claro que seguimos por diversos caminhos, mas gostaria de apontar o ponto de sua insistência. Ele estava inconformado em sentir isso: não era possível para essa pessoa amar seu cônjuge e ainda assim ser invadido por esse amor por outra pessoa. Como analista, não poderia estimulá-lo a seguir sua paixão ou proibi-lo de qualquer coisa; e me pus a escutar, semana a semana, até chegar no ponto em que esse paciente se dividia; ali onde fazia a questão: amar mais de uma pessoa era uma arma quente contra a crença da sua família religiosa.

Mas também chegam à clínica aqueles que estão no lugar de fora do encantamento de Eros, aqueles que trazem a dor de receber a notícia de seu amado-amada, que este foi arrebatado pelo amor a outra pessoa. Poderíamos apresentar diversas vinhetas clínicas, mas nada se compararia à canção de Peninha, "Sonhos":

> *"Quando a poesia fez folia em minha vida*
> *Você veio me contar*
> *Dessa paixão inesperada*
> *Por outra pessoa*
> (**Sonhos**, **Peninha**)

Uma coisa é fato, ainda que chegue silenciosamente, o Eros de Agatão faz muito barulho em seus efeitos. Mas nem sempre ele chega na forma do amor erótico dos adolescentes e adultos assustados com suas paixões. Eros chega para todos, e com ele aprendemos que nem sonhávamos amar de certo jeito. Guilherme Arantes relata isso ao explicar a composição da música "Êxtase":

"Marietta, quando você nasceu a minha vida deu uma cambalhota metafísica. Durante a sua gravidez, eu fiz 'ÊXTASE', um diálogo com o Sobrenatural, que fica aqui consignada em sua homenagem. Nunca vou me esquecer de você, bebê, em Petrópolis, de você pequenininha, sempre doce, mamava e dormia numa boa, sem dar trabalho... Um bebê maravilhoso, uma paz. Seu signo é esse: da Paz."[4] (https://guilhermearantes.com.br/blog/?m=201508).

Essa última frase vai ao encontro de uma passagem de Agatão, que diz, ainda se referindo às qualidades de Eros:

> *Paz entre os homens, e no mar bonança,*
> *repouso tranquilo de ventos e sono na dor*
> **(p. 99)**

Mas retornando ao Êxtase de Guilherme: "Eu nem sonhava te amar desse jeito [...] Espero que a música que eu canto agora possa expressar o meu SÚBITO amor". Assim como ele descreve, incontáveis pais e mães relatam isso, o tal súbito amor. Alguns até comentam preocupados que ainda não sentiram isso, mas uma hora isso vem, e quando vem, a preocupação vem junto, cuidar desse amor.

Fica claro, pelo menos nesses pontos trazidos até então, que a distração é uma porta de entrada para Eros, e que a atenção excessiva muito mais afugenta do que atrai o amor.

Freud, em uma carta a Jung, já caracterizou a Psicanálise como uma "cura pelo amor"[5], mas não podemos esquecer que muitos adoecem por amor. Em alguns casos apresentados por Breuer e Freud nos "Estudos sobre histeria", mostraram que as pacientes histéricas "sofriam de reminiscências"[6], ou seja, o sintoma era uma forma de não se lembrarem de algum amor proibido sentido no passado. Eram mulheres que haviam amado eroticamente alguém e que não puderam reconhecer conscientemente esse amor. Nesse sentido, a cura estaria justamente em recuperar essa memória amorosa. Porém o teste do tempo mostrou que a conscientização não bastava. Aliás não era só o amor que estava encoberto, algo indizível estava por trás das lembranças reveladas.

Em seu trabalho "Recordar, repetir e elaborar" (1914), ele deixa claro três momentos da Psicanálise que depois se tornam três momentos de qualquer processo. Recordar foi o início da Psicanálise, ali com Breuer, Freud acreditava que recordar o evento traumático eliminaria o sintoma associado. Os anos se passam e ele chega na questão da repetição, como cessar a repetição? Seria o terceiro momento, o elaborar. O difícil é como promover essa elaboração! Para muitos psicanalistas, a elaboração seria a compreensão, mas para outros, como Lacan, o que se repete é o que não tem sentido – o ponto cego, o ponto de distração, o ponto pelo qual passa muita coisa; dentre essas coisas, o amor de Agatão. Após esse texto, Freud concluiu que isso que se repete se refere à pulsão de morte (o que Lacan chamou depois de repetição do sem sentido), ou seja, o sentido pode ser um meio, mas não o fim de uma análise. De modo semelhante aos mistérios do amor, o sentido pode ser caminho, mas não se chega ao amor como um lugar; prova disso é como Roberto Carlos tenta de diversas maneiras falar quão grande é seu amor por sua amada.

Nem mesmo o céu
Nem as estrelas
Nada é maior que o meu amor
Nem mais bonito
(***Como é grande o meu amor por você***, **Roberto Carlos**)

Mas tem quem fique tão atento e alerta que o amor parece nem chegar perto. Certas pessoas que em qualquer aproximação de um outro elegível já começam uma formação de planos sem fim, que acabam por finalizar qualquer tentativa de começo. Parece a cena em que o príncipe busca a dona dos sapatinhos de cristal e uma das primas de Cinderela tenta a qualquer custo fazer caber em seu pé muito maior um sapato de cristal minúsculo. A maneira forçosa de fazer a magia acontecer, ou o amor aparecer. Mas é claro que o raciocínio de um clínico, aliado à sua escuta, não pode ficar desatento ao movimento de busca insistente e superativa, como forma de impossibilitar qualquer encontro. Para essas pessoas, o amor virá pronto, sem dúvida alguma, mas isso está muito menos no objeto, mas sim muito mais no futuro apaixonado-apaixonada. Um movimento desse tipo era recorrente em um paciente que afirmava por anos "não existe alguém para mim", que se revelou muito mais comprometido em manter esse imperativo do que o movimento de abertura de distração que poderá receber um amor. Qualquer sinal de Eros era engolido e reduzido a algum julgamento racional, nada melhor (nada pior) para combater a distração, porta de entrada de Eros, do que a racionalidade. Assim que qualquer coisa encoste, qualquer portinha distraída que é tocada logo é bombardeada de racionalidade, expulsando qualquer chance de um amor germinar.

O PÊNDULO DO AMOR

Mas não podemos negligenciar o restante do discurso de Agatão sobre o amor, ainda mais na descrição de algumas das qualidades do amor, em que ele deixa claro: "É com efeito, a temperança, reconhecimento, o domínio sobre prazeres e desejos"[7] (p. 97). Como é possível que a um só tempo ocorra esse arrebatamento de Eros provocando revoluções pulsionais e ao mesmo tempo ele domine prazeres e desejos?

A investigação começa com Lacan se referindo às três produções da articulação dos anéis do nó borromeano. Vamos traduzir para irmos juntos. Primeiramente, Lacan faz uma divisão de três registros da experiência humana: real, simbólico e imaginário. Obviamente não trarei aqui explicações completas e exaustivas, visto que isso levou a vida inteira do Lacan para ser estabelecido. Reduzindo para o que será útil aqui, podemos chamar o Imaginário como o Sentido unívoco, o Real, o Sem sentido e o Simbólico, o duplo sentido. Lacan afirma que esses três registros, por mais que possam ser descritos de modo independente, só são possíveis para fins didáticos, mas que, na verdade, eles são indissociáveis. Para ilustrar, utiliza o símbolo do brasão da família Borromeu, que são três anéis, e se um for tirado, os outros se soltam. Somado a isso, Lacan se refere às três paixões do ser descritas por Spinoza em sua "Ética" – amor, ódio e ignorância, como elas são produzidas: Lacan propõe o seguinte:

Sentido unívoco + Sem Sentido – Duplo sentido = Ódio

Ou você é igual a mim, pensa igual a mim, ou eu te destruo – afinal, o duplo sentido está excluído; com isso, temos a fórmula:

$$Ódio = I + R - S$$

Duplo sentido + Sem Sentido – Sentido unívoco = Ignorância

Tudo tem duplo sentido, pois o sentido unívoco, que seria uma certeza, está excluído; assim:

$$Ignorância = S + R - I$$

E, finalmente,
Duplo sentido + Sentido unívoco – Sem sentido = Amor

Ou existe um sentido ou múltiplos sentidos, como cantado por Roberto Carlos ("Como é grande o meu amor por você") e seus múltiplos sentidos do amor. E o Sem sentido está excluído; o amor não admite falta, e então:

$$\text{Amor} = S + I - R$$

Pronto, achamos como se produz o amor, mas como explicamos o amor ser tanto algo que excita as pulsões e ao mesmo tempo sendo aquilo que domina os prazeres e desejos? Primeiro, o ao mesmo tempo não é o mesmo tempo; são dois tempos, dois tempos dentro da estrutura da terceira fórmula:

Simbólico + Imaginário

Quando estamos "fervendo", o pêndulo está sobre o imaginário, mas a fórmula se mantém a mesma. No amor calmaria, a fórmula é a mesma, mas o pêndulo está sobre o simbólico.

Uma vez, conversando com um indiano que vive numa tradição de casamento arranjado, ele falou sobre a forma como nós ocidentais nos casamos: vocês se casam apaixonados e depois se desinteressam. Nós casamos sem paixão e podemos construir a paixão com o tempo.

Não sei quem está certo.

Entre palavras sobre palavras e sobre os que proferem e ouvem as palavras, concordamos os dois em uma

> *coisa. Em que o mundo em que vivemos anda muito pobre de ternura, de paz, de diálogos e de beleza.*[8]
> **(*Encantar o mundo pela palavra*)**

O amor, no discurso de Agatão, parece contemplar apenas uma via. Mais precisamente ele discursa que o amor chega apenas aos que estão em certo caminho; do bem, do belo. Mas e às outras vias, ou ao menos à via oposta do bem e do belo? Será que o amor não chega?

Parece algo incompleto, não a incompletude de uma metade ansiando pela outra. Parece de outra ordem, um discurso de amor que talvez fique reduzido ao pueril e harmonioso; quem sabe nosso incômodo nos leve a pensar que, no que tange ao amor, faltará sempre uma palavra a mais.

Aliás, é por meio das palavras que se constrói e se perfaz a experiência de amor. Em seu discurso destaca a suavidade, a brandura e a delicadeza de Eros, reforçando que ante a dureza, atos injustos, violência e excessos, ele desvanece, some; à vista disso, a ternura e a leveza, somadas à coragem, são atributos para mantê-lo vivo. Sendo assim, aposta em sua homenagem que não há experiência de amor que comporte a destrutividade, ou melhor, se ali estivesse Eros, não haveria guerras, e sobre tais atos, teria sido Ares – deus da guerra, que cederia a Eros. Dito isso, nesse sentido podemos concluir que: o amor vence a guerra.

> *O amor teria então a força de suplantar os narcisismos individuais e o ódio constitutivo que nos separa uns dos outros.*[9]
> **(Freud, S., *Psicologia das massas e análise do eu*)**

Agatão, no coração de seu discurso, enaltece que onde há infortúnio não haverá dúvidas de que lá o amor não chegou. Pudesse o mito ser um presságio ao nosso mal-estar civilizatório quanto à força imperiosa que amorteceria a devastação humana diante de tantas catástrofes que vemos cotidianamente a coisas que recebem o nome de amor como justificativa, mas habitam terras sombrias e tão distantes dele. Sobre tais atos destrutivos, a palavra neutralizadora que utiliza em seu elogio "a temperança", que na sua essência é o meio – o equilíbrio e a moderação diante dos excessos.

MITO OU VERDADE

Há uma peculiaridade na estética do discurso belo, quase pueril, e por que não trágico, visto que para ele não há senão um caminho que beira o equívoco, a um certo incômodo e desassossego.

A inquietação fica mais clara após a intervenção de Sócrates, o próximo discursante, que discutiremos na sequência:

"Inocente como sou. Pensava que, ao abordar qualquer questão, deveríamos permanecer na verdade".

O que será que Sócrates quis dizer com essa afirmativa? Será que a questão sobre a verdade corrobora com o questionamento de um discurso pueril? Em Sócrates, a verdade estaria em cada um e poderia ser alcançada por meio de questionamentos e autoindagações. Sendo assim, Agatão tratou do amor a partir de uma verdade? Para não incorrer no enigma da complexidade do que é a verdade no discurso amoroso, recorremos à ideia de "não-toda", ou seja, nada, nem mesmo a verdade, pode ser compreendido ou designado na totalidade, mas sim questionado, a fim de colocar em relevo considerações importantes. É bem verdade que, para que as palavras ganhem certa credulidade, há de haver um "eu" que acredite nelas, para que um "outro", quem sabe, possa acreditar, mas o contrário também pode ocorrer. Porém, isso não sucedeu enquanto correspondência no discurso. Valemo-nos do pensamento que as palavras só comprometem aqueles que acreditam nelas, e que qualquer verdade esconde sua estrutura de ficção. Então, partiremos por outros caminhos que ecoam sobre a estética do discurso, sobretudo o amoroso, passeando pelos imbróglios e conflitos decorrentes das questões mais atuais na clínica que estão associadas à linguagem, à fala e ao encontro dialógico.

De alguma maneira, este fragmento nos direciona a pensar no cotidiano de nossas relações, em como nos deparamos com discursos belos, sofisticados, mas, por outro lado, em alguns questionamos a verdade por nos parecer superficiais e carentes de um sentido próprio, desprovidos de uma verdade subjetiva no que diz respeito ao sentimento de cada pessoa. Vemos também a dificuldade de o sujeito construir um repertório para poder dizer algo autêntico de si, verdadeiro no que concerne às suas verdades internas.

A não-resposta é uma das mais notáveis experiências causadoras de dor em sua expressão. Por vezes, apresenta-se como ressentimento, ora se apresenta de modo sutil diante do orgulho ferido, ora em forma de raiva. Isso nos parece também enunciar o desprendimento e o esvaziamento do valor da experiência com o outro a ausência de um vocábulo próprio sem deixar de fora, o valor do compromisso com a fala, com o dizer, e com o ato que culmina no desrespeito ao outro. A exemplo, podemos pensar nos fenômenos que ganham uma linguagem atual, como o *ghosting*. Após fazer uso do prazer pessoal, colocando o outro como objeto, destituindo o valor dele(a) enquanto humano e em muitos casos o fazendo como um simples descarte. Para não perder o fio da meada, observamos também o cancelamento na virtualidade, que nos confere a autorização lícita concreta e simbólica do apagamento do outro – coisa essa que a princípio parece ser contraditória a qualquer possibilidade de construção de laço, diálogo, do espaço de convivência, de ligação afetiva, de alteridade, empatia e, quiçá, então, do laço amoroso!

Isso nos dirige ao empobrecimento da fala, do discurso e da escuta, desde a necessidade ou trivialidade em escutar o outro, desde que este esteja em nosso ritmo próprio, quando não é posto na velocidade 2.0, em que todos parecem ter o mesmo tom de voz. Porém, há também a utilização de *gif*, muitos são divertidíssimos, mas não podemos negar que o uso em excesso revela um encurtamento do dizer de cada pessoa. Enfim, entre outras coisas que a princípio fazem parte da comunicação na virtualidade, mas que também fazem que questionemos as implicações que a isenção da palavra provoca nas relações de troca com o outro e nos conflitos que sucedem a partir deste, das fantasias criadas diante do deserto de palavras em nosso tempo, que resvala em uma falta de significação, suposições erráticas e a sensação de desconfiança, que a cada dia vem aumentando nos relatos de nossas clínicas.

E quase só de palavras se faz o amor.[10]
(Ana Martins Marques)

Em relações de compromisso, a recusa em falar de amor, dos desejos de cada um, dos incômodos e conflitos que todo relacionamento encontra – e isso é bem verdade, costumam criar abismos entre um e outro. A ausência da fala, da escuta e sobretudo do interesse de um com o outro e também de alguns interesses em comum – aliás, interesse é uma palavra indissociável ao amor – forma distâncias de quilômetros à milhas, muitas vezes difíceis de serem recalculadas. Lembrando que o amor também é nutrido, abastecido pelo interesse de ambos um com o outro, mas não em sua reciprocidade linear.

Aquilo que amamos é necessariamente importante para nós, simplesmente porque o amamos.[11]
(Harry G. Frankfurt)

MOSTRAR-SE DESINTERESSADO... O MEDO DE QUERER E NÃO SER QUERIDO

Quantos de nós já passamos pela dura constatação de que quando estamos solteiros ninguém nos quer, mas quando apaixonados por alguém passamos a despertar o desejo de quem até então não queria nada conosco? Uma fórmula caricatural que parece nos ensinar que o segredo de causar o desejo em alguém é não demonstrar desejo por essa pessoa seria então manter-se numa postura indiferente ao outro? É preciso mostrar-se desinteressado quando se tem interesse? Parece que em nossa cultura muitas vezes se valoriza a indiferença como forma de capturar o desejo do outro, na tentativa de colecionar desejos e preservar o narcisismo; e o imperativo é não se frustrar diante da decepção de não ser quisto pelo outro, à guisa de querer e o medo de não ser "querido".

> *O amor por ser, cujo desenvolvimento é testemunha de uma época ultrapassada, é perigoso para aquele que o contempla, é preciso que ele se defenda do outro, que o agrida ou despreze, ou, pelo menos, o ignore.*[12]
> **(DOLTO, F., *No jogo do desejo*)**

Frequentemente adultos ainda numa posição infantilizada, agem com desprezo e indiferença pelo outro. Há aquelas também que demandam do outro a sua total disponibilidade, por se colocarem também à total disposição para driblar a solidão.

Ambas em excessos parecem desconhecer que não é por esta via que o amor se faz.

> *Eu me afasto e me defendo de você,*
> *Mas depois me entrego.*
> **(*Evidências*, Chitãozinho & Xororó)**

Lara é uma criança de 5 anos. Após beliscar uma amiga na escola, disse que ficou com muita raiva da amiga, que a trocou por outra e não brincava mais com ela durante o recreio. Ela argumenta que gostaria que a garota fosse sua amiga novamente. Lara se viu frustrada e protestou desejosa em ter sua amiga somente para ela. No dia seguinte, empurrou a amiguinha protestando novamente sua raiva; a mãe foi chamada à escola. Aos prantos, a garotinha manifestou sua indignação e disse para a mãe que ficou muito triste, manifestou que gostaria de não ir mais para a escola, pois a amiga – segundo ela – não gostava mais dela. "Queria que ela brincasse só comigo! Ela era a 'minha' amiga! Só minha!"

Vemos as manifestações similares se desenrolarem mais ou menos assim em adultos. Desejosos pela atenção de determinadas pessoas, e diante da recusa ou sentimento de poder sobre o outro simplesmente por não alcançarem esta total disponibilidade do outro, reagem de maneira precária pela via da agressão, seja agressão física, psicológica/moral e muitos comportamentos, como a depreciação do outro, a desqualificação, ameaças, ofensas, transferência de culpa, menosprezo ou uma vigilância constante por parte de um parceiro; e em muitos núcleos familiares, esses comportamentos são socialmente aceitos, validados num silêncio em que a família se isenta e finge não ver. Essas defesas primitivas de agressão alçam o apagamento daquele a quem não correspondem às necessidades às quais foram impostas, em sua ilusão de onipotência sobre a pessoa, tal como Lara ainda está aprendendo aos 5 anos. Esse tipo de comportamento é comum na infância, e precisou de intervenção de sua mãe.

Enquanto adultos, anular o outro em virtude da diferença é o grande mote dos conflitos atuais de violências "autorizadas" de nosso tempo. Quem tem filhos pequenos poderá concordar que eles exigem uma atenção nada menos do que toda. Frequentemente escutamos narrativas de "pedidos sem fim", a encontros, e também a relações que desaparecem sem a possibilidade de dar um estatuto simbólico sobre o fim. Em algumas palavras, disse-me um paciente: "Não rolou a química entre nós", este pôde dizer algo sobre seu estado de ausência após sucessivas saídas e encontros.

Não que tenha lhe sido fácil; pelo contrário, foi um laborioso trabalho que permitiu alcançar e colocar em palavras seus próprios limites, e conforme palavras dele: ser mais honesto e respeitoso consigo e por consequência com o outro. Ele era uma pessoa que "empurrava relacionamentos com a barriga" até que fizesse com que o outro desistisse dele. Submetia-se voluntariamente aos namorados, aguardando por sua demissão, mas há muitos e muitas permanecendo sobre o fantasma que assombra aquele(a) que segue à espera de um sinal de sobrevivência mortífera diante do descaso do outro e quando não fazendo seu objeto disponível na prateleira com o falseamento da sensação de ser, poder, ter, possuir o objeto, mesmo que não haja interesse para que não lhe falte.

> *Direis meias verdades*
> *sempre à meia luz*
> *E te farei, vaidoso, supor*
> *Que és o maior e que me possuis*
> **(Folhetim, Gal Costa)**

Isabela

Com Isabela era mais ou menos assim. Ela se colocava toda para as amigas. Quando se envolvia em um relacionamento, dizia se dar inteira, no trabalho era ela que geralmente se destacava como a que tudo resolvia. Era Isabela tomada por todos, mas vivia em uma solidão desesperada. A recusa do desamparo de Isa era revertida em onipotência, e o outro deveria responder às suas necessidades infantis; assim vivia em uma ilusão de clausura, uma vez que ela se dedicava tanto, exigia do outro que lhe respondesse à altura de sua total entrega, de modo que destituía sem que percebesse a singularidade da condição de sujeito a todos com quem se relacionava, por exigir deles toda a sua devoção como forma de compensação. Não é exagero dizer que Isa se frustrava frequentemente em suas relações. Dizia que ninguém era capaz de ser recíproco à sua tamanha devoção.

No fundo, apoiamo-nos na negação de nossa precariedade, numa operação de evitação à nossa condição de culpa ou de responsabilização. Há encontros e pessoas possíveis para Isa, não todos, não tudo, como dita sua ilusão que recobre a sua capacidade de olhar para a parte que lhe faz sofrer. Isabela dizia em alguns momentos que a terapia a deixava pior.

A perda de nossas fantasias sobre o outro, dos ideais e das certezas construídas, alicerçadas e moldadas sobre a construção de areia de nossas expectativas e necessidades afetivas, desaba uma hora ou outra. A aceitação da diferença do outro para Isa foi uma conquista, um alcance que percorreu um caminho de repetições até a simbolização de suas dores e suas feridas, infantis e atuais.

AMOR E INDIFERENÇA

Parece, muitas vezes, que o contrário do amor não é o ódio, mas sim a indiferença; e, ao tentar se proteger da indiferença, os laços parecem se tornar cada vez mais frágeis. Que rumo estamos tomando ao seguir as cartilhas amorosas e doutrinas comportamentais que furtam do indivíduo a possibilidade de lidar com a castração, com a frustração, e fazendo do laço humano um objeto de interesse, anulando a existência do outro? Estamos construindo uma sociedade cada vez mais distante do laço afetivo e de experiências de ligação? Talvez isso coloque muitas pessoas em uma certa confusão, fazendo das relações um jogo amoroso o qual se faz presente e constante na clínica e no sofrimento humano.

De acordo com Freud (1914), sentir-se amado ou não afeta todo sujeito humano e interfere diretamente na valorização que a pessoa tem de si; portanto, é certo dizer que a correspondência amorosa eleva todo sujeito.[13]

Agatão ressalta que é Eros que inspira os amantes a serem poetas. A inspiração parece-nos uma palavra muito íntima ao amor. Inspirados pela paixão, cometemos as grandes loucuras. Tocados pelo amor, as loucuras parecem-nos ser mais brandas. Ambas as situações colocam o sujeito humano a lançar-se ao ser do outro, para que por meio dele possa descobrir algo de si, por meio da experiência transformadora que o amor nos possibilita. "Amo a mim mesmo por meio de ti."

> *E nessa loucura de dizer que não te quero*
> *Vou negando as aparências*
> *Disfarçando as evidências*
> *Mas pra que viver fingindo*
> *Se eu não posso enganar meu coração.*
> (***Evidências**,* **Chitãozinho & Xororó)**

Isso nos mostra mais uma vez que não somos os donos de nossa morada e nela moramos de aluguel, pois nos surpreendemos quando o amor nos toca, seja para o bem ou para o mal. Parece-nos também que inspirados pela paixão ou tocados pelo amor tornamo-nos mais criativos, nos aproximamos da nossa possibilidade de brincar e de sonhar, como se aqui se fizesse uma alusão em voltar a ser criança: "É somente no brincar que o indivíduo, criança ou adulto, pode ser criativo e descobrir seu eu."[14]

Inspirados, ridículos e corajosos em expressar os sentimentos a despeito da insegurança que incide nos moldes dos relacionamentos nos dias atuais, os amantes reconhecem-se como estrangeiros a si. Há uma porção desconhecida em cada um quando se apaixonam; e por que não autêntica?!

> *Quero sua risada mais gostosa*
> *Esse seu jeito de achar*
> *Que a vida pode ser maravilhosa*
> *Quero sua alegria escandalosa*
> *Vitoriosa por não ter*
> *Vergonha de aprender como se goza.*
> **(*Vitoriosa*, Ivan Lins)**

E a isso podemos confirmar que basta que nos apaixonemos para que nos vejamos de certa maneira deliciosamente ridículos diante do amado, como vemos no poema de Álvaro de Campos, heterônimo de Fernando Pessoa, sobre as cartas de amor.

> *Todas cartas de amor são ridículas*
> *Não seriam cartas de amor se não fossem ridículas*
> *Também escrevi em meu tempo cartas de amor*
> *Como as outras, Ridículas.*
> *As cartas de amor, se há amor, têm de ser ridículas.*
> *Mas, afinal, só as criaturas que nunca*
> *escreveram cartas de amor*
> *É que são ridículas.*[15]
> **(PESSOA, 1969, p. 399)**

E você, já escreveu alguma carta de amor?

AMOR, A INSISTÊNCIA POR UMA NOVA PALAVRA

> *O ser humano é um ser de linguagem,*
> *o veículo de humanização é a fala.*[16]
> **(F. Dolto)**

O amor é responsabilidade de um eu para um tu, escreve Buber que é por meio da palavra que o homem se introduz na existência. A própria condição de existência como ser no mundo é a palavra como diálogo. Ele diz que o amor é o compromisso que acontece no "entre" eu e tu; afinal, só se torna eu (sujeito) em virtude de um tu (outro). Aqui podemos pensar na conhecida e poética frase de Winnicott: o primeiro espelho da criatura humana é a face da mãe, seu sorriso, seu tom de voz.

> *Aonde eu não estou as palavras me acham.*[17]
> **(Manoel de Barros)**

Ao falar sobre o encontro, diz que há ali dois mundos, duas relações e um encontro entre duas pessoas, onde o amor pode "vir a acontecer".

O amor sempre começa a partir de um encontro; encontro esse de duas diferenças. A partir do encontro depositado ao acaso, abre-se a possibilidade para uma construção em buscar por conhecer o ser do outro, e também acreditamos que este outro vai nos revelar quem somos nós – para ele.

Por apostar nisso, muitas vezes é que o amor acontece. Podemos pensar em quantos encontros e desencontros amorosos já vivemos sem que houvesse uma relação dialógica. Objetificando e objetificados pelo outro, qual é a possibilidade de espaço, tempo e abertura em que se constrói uma relação, tendo em vista a sensação de FOMO (*Fear of missing out* – ou medo de perder algo), por estar perdendo algo supostamente que nos daria mais prazer, a maior satisfação possível?

A relação pode se constituir, segundo ele, por meio do diálogo, do que chama de "relação essencial" e encontro. O encontro é algo que acontece ocasionalmente. Encontramo-nos com muitas pessoas, porém não nos relacionamos com elas. Podemos nos encontrar com nossos vizinhos esporadicamente e não nos relacionar com eles. Mas a relação engloba o encontro porque possibilita um diálogo sempre novo. O diálogo pode abrir portas para uma relação.

O diálogo implica uma presença mútua, e presença significa presentificar e ser presentificado, o que podemos pensar em abertura, interesse, disposição e colocar o diálogo como o mediador, o entre os dois mundos. Esses dois mundos fazem pensar em dialetos, formas e uso das palavras que podem aproximar ou distanciar do amor, visto que é por meio das palavras que surgem as declarações e os mal-entendidos.

"Os amantes estão, de fato, condenados a aprender indefinidamente a língua do outro, tateando, buscando as chaves, sempre revogáveis. O amor é um labirinto de mal-entendidos onde a saída não existe", diz Miller, "o que então nos resta diante dos tropeços de um encontro dialógico?"[18]

Cabe-nos pensar que o diálogo não daria conta de toda a construção da relação amorosa, mas não podemos negar que ele acompanha desde a "entrada", seguindo para o "prato principal", a "sobremesa" e um cafezinho no "menu" amoroso que estamos prestes a degustar.

Será que uma relação amorosa se sustenta sem diálogo?

Só existe uma pergunta a ser feita quando se pretende casar:

"Continuarei a ter prazer em conversar com esta pessoa daqui a 30 anos?"[19]

SOBRE AS MAL DITAS PALAVRAS

Imagine se diante das palavras questionássemos a verdade impregnada nelas? Não haveria diálogo possível, uma vez que esses constantes interrogatórios não dariam espaço ao diálogo, mas sim a uma série de reduções ao outro, pelas dúvidas que se têm dele.

Esse desencontro que decorre entre a palavra de um e de outro fecha as portas das possibilidades de diálogo, da possibilidade de escutar na tentativa de uma possível aproximação do mundo alheio a nós, mesmo porque sempre haverá um mal-entendido estrutural em que, por maior que seja a aproximação, nunca alcançaremos a compreensão do outro em sua totalidade. Isso nos faz pensar nas conversas rotineiras que são pronunciadas: ahh, eu conheço fulano – frase essa dotada de certezas sobre a outra pessoa que destrói a possibilidade de escutá-la ou produzir um novo saber sobre ela, por antecipar, mesmo que de maneira fictícia e egocêntrica, um saber que pode parecer, mas não nos pertence senão no mundo da fantasia que criamos.

As palavras que escolhemos desde o uso do nosso vocabulário, as nomeações que usamos para caracterizar uma pessoa, um apelido dado a uma pessoa ou a um filho, criam um mundo de significados para nós e para eles, significado esse sujeito também a reinvenções.

AMIZADE - O ENCONTRO COM O AMOR E O DESEJO DE "ESTAR COM"

A amizade
É tão lindo
Não precisa mudar

É tão lindo, é tão bom se gostar
E eu adoro
É claro
Bom mesmo é a gente encontrar
Um bom amigo
(***É tão lindo***, **Balão Mágico**)

A leveza, a ternura e a mansidão que Agatão retrata em seu discurso são tributárias do laço de amor que construímos na amizade.

A relação de amizade acontece dentro de um espaço em potencial compartilhado entre o outro, e a base fundamental que ampara esta relação é a confiança. Esse espaço íntimo no qual podemos viver nossas experiências de troca afetiva de maneira espontânea é também onde vivemos de modo mais autêntico o sentimento de si.

São a eles, os amigos, a quem recorremos quando sofremos desilusões amorosas. É também com eles que compartilhamos encontros preciosos em nossas vidas, nos autorizamos a contar as piadas mais sem graça, escancarar nossas esquisitices, oferecer e receber o ombro para que possamos poder chorar, chorar de rir de coisas simples, compreendê-los pelo olhar diante de uma cena que a rigor só se entende pela intimidade.

Dividir músicas, trechos de vídeos, afeiçoar-se a uma família que não é a de origem, mas a família que se escolhe para compartilhar; por ele vibramos diante de uma conquista alcançada... um amor construído por gestos espontâneos; aliás, o brincar, a brincadeira, tem um lugar privilegiado neste espaço potencial.

As amizades fazem parte das primeiras relações de amor que construímos depois dos nossos cuidadores. Aprendemos o valor dessa experiência tão bonita muitas vezes tardiamente, já saudosos daqueles que fizeram parte de nossa vida em momentos em que não tínhamos a dimensão da efemeridade do tempo, de sua voracidade enquanto passagem, em que os instantes são inscritos no registro de nossos afetos, na companhia da pureza desses primeiros contatos. Tempo este onde cada um de nós pôde e tem o prazer de desfrutar desse vínculo que nos acompanha com alguns de nós desde a infância. Outros acontecem entre encontros, desencontros e reencontros, em forma de boas surpresas por toda a nossa vida, fazendo-se e nos refazendo como pessoas ao longo de nossas experiências.

Os encontros de amizade muitas vezes acontecem num "tropeço", em situações em que muito frequentemente nos identificamos com algo daquela pessoa que nos faz sentir uma harmoniosa sensação de carinho e bem-estar. Mas também se esbarra na desidentificação, na dessemelhança; as amizades se entrelaçam também em função da diferença, da alteridade por amar este outro, muitas vezes tão diferente de nós.

Muitas vezes ao lado dessas pessoas vemo-nos confortados, sentindo-os à vontade com nós mesmos, vivendo o silêncio lado a lado, numa presença compartilhada em que a solidão não nos dá notícias, e o silêncio é sustentado sem ameaça; a tagarelice pode cessar sem desconforto, na mansidão ao lado de um amigo, tentando segurar o tempo que nos escapa.

E mesmo quando há o distanciamento é por meio dessa confiança que aceitamos viver a solidão acompanhada por aquele que já não está ao nosso lado, mas que sentimos a sua presença mesmo ausente.

Fortalecidos por esse laço, a amizade torna-se uma luz cálida que nos une ao outro e ilumina a nossa própria escuridão, como escreve Rilke neste verso que se encaixa perfeitamente no amor/amizade:

> *Amor são duas solidões protegendo-se uma à outra.*
> (***Cartas a um jovem poeta**,* **Rilke**)

Este outro, diferente de nós, que nos contentamos com sua presença, torna-se um dos laços mais belos em que a palavra amor parece às vezes ficar apertada e quase não caber. Um encontro fortuito no qual a disposição principal é a intenção mútua.

Se os sonhos são de alguma forma o modo pelo qual contamos algo de nós, nossos segredos mais íntimos, onde alcançamos uma certa liberdade, sentir o amor amizade está muito perto de viver um sonho desperto, com olhos atentos e compartilhando a possibilidade de viver o amor em sua eternidade. E quanto àqueles amigos que se foram, cujas memórias foram construídas e com o tempo não se desbotaram, menciono Adélia Prado: "O que a memória ama fica eterno. Te amo com a memória, imperecível".

> *Há que se cuidar da vida*
> *Há que se cuidar do mundo*
> *Tomar conta da amizade.*
> (***Coração de estudante**,* **Milton Nascimento**)

Referências

1. PLATÃO. *O banquete.*
2. HOMERO. *Ilíada.*
3. ROSA, G. *Tutameia* (terceiras estórias).
4. ARANTES, G. (https://guilhermearantes.com.br/blog/?m=201508).
5. FREUD, S. *A correspondência completa.*
6. FREUD, S. *Estudos sobre histeria.*
7. PLATÃO. *O banquete.*
8. ALVES, R. *Encantar o mundo pela palavra.*
9. FREUD, S. *Psicologia das massas e análise do eu.*
10. MARQUES, A. M. *Risque esta palavra.*
11. FRANKFURT, H. G. *As razões do amor.*
12. DOLTO, F. *No jogo do desejo.*
13. FREUD, S. *Introdução ao narcisismo.*
14. WINNICOTT, D. E. *O brincar e a realidade.*
15. PESSOA, F. *Cartas de amor.*
16. DOLTO, F. *No jogo do desejo.*
17. BARROS, M. *O livro sobre nada.*
18. MILLER, J. Entrevista a Hanna Waar, *Psychologies Magazine*, 2008.
19. ALVES, R. *Essencial.*

CAPÍTULO 6

QUEM SABE DAS COISAS DO AMOR?

Sócrates inicia seu discurso indagando Agatão. Questiona se "o amor é amor de nada ou de algo", e recebe como resposta que o amor é de algo. Continua nessa linha e indaga: "O que deseja, deseja aquilo de que é carente, sem o que não deseja, se não for carente?" (p. 109), ou seja, se Eros está onde a beleza estiver, significa que Eros busca a beleza, pois esta justamente lhe falta. O mesmo vale da busca de Eros para o que é bom. Se ele isso busca, disso ele também é carente. Agatão concorda com Sócrates, mas antes de levar o crédito como aquele que sabe, ou ainda um mestre, apresenta seu discurso a partir do que ouviu de uma sacerdotisa, chamada Diotima de Mantineia, que era "[...] entendida nos assuntos de amor".[1]

Sócrates revela duas perguntas feitas por Diotima, "o amor, se não for belo, é forçoso ser feio?" E "se não for sábio é ignorante?" (p. 115). Ele responde afirmativamente às duas perguntas. Eis que ela acrescenta: "Não percebes que existe algo entre a sabedoria e a ignorância?"

Diotima apresenta a ideia de que o amor está entre dois extremos. Além disso, ela afirma que Eros não é um deus, mas um dáimon, um ser entre um deus e um mortal, filho da mãe Pobreza e do pai Recurso, assim:

> *E por ser filho, o Amor, de Recurso e de Pobreza foi esta a condição que ele ficou. Primeiramente ele é sempre*

> *pobre, e longe está de ser delicado e belo, como a maioria imagina, mas é duro, seco, descalço e sem lar, sempre por terra e sem forro, deitando-se ao desabrigo, às portas e nos caminhos, porque tem a natureza da mãe, sempre convivendo com a precisão. Seguindo o pai, porém, ele é insidioso com o que é belo e bom, e corajoso, decidido e enérgico, caçador terrível, sempre a tecer maquinações, ávido de sabedoria e cheio de recursos [...]*[2]
> **(p. 121)**

Um dos ganhos que existe em qualquer terapia é a libertação dos extremos, do oito ou oitenta, do bom ou mau, do feio ou bonito. O mundo binário é muito mais fácil; o plural tem muitos detalhes, é imprevisível, dá trabalho em manter, dá trabalho em compreender. Mas o binário é radical, é excludente, é "nós e eles", um pensamento perigoso que pode chegar em extremos fatais. Assim como mostrou Diotima, que o amor está "entre", o mesmo podemos pensar de tantas outras coisas, inclusive a vida em si, "a vida é o que acontece com a gente enquanto estamos fazendo outros planos"[3] – Allen Saunders (1957, Revista *Readers's Digest*).

O amor é fecundo, gerador do belo, o amor é a nossa carência, é o desejo de algo que falta a nós, é o desejo de que o amor seja imortal, que se eternize por meio da geração, do desejo do belo e do bom. O amor não é um Deus, está entre a terra, os homens e os céus; a beleza que ele exalta se aloca entre o divino e o mortal, em sua forma única, e desperta o mais poderoso sentido do não ser, ao ser.

Os planos são assim, partem de um ponto A e chegam ao ponto B, e no final das contas o que mais importa é o "entre", pois a vida está nesse trajeto. É isso que muitas vezes escutamos na clínica de pessoas idosas. Naquele momento, Epitáfio "devia ter sido mais leve". "Devia ter deixado mais coisa pra lá". "Devia ter levado a vida menos a ferro e fogo". "Devia ter perdoado". "Devia ter desistido e ido para outro lado". "Não devia ter desistido e insistido". E apesar de isso não ser segredo, afinal basta ler em um livro ou ver um filme; até em populares como "O Código da Vinci", o Santo Graal não é algo que você encontra, mas a experiência da jornada. É aí que a Psicanálise pode entrar para ajudar, saber é uma coisa, experienciar é outra coisa.

A vida por si só é uma Psicanálise; afinal, ao final da vida, se envelhecer bem, chegará à constatação de que o "entre", os caminhos do meio, as gradações de um ponto ao outro, é o que importa. O que a Psicanálise possibilita é que você chegue a essa constatação experiencial sem precisar chegar aos últimos anos de vida. Como já cansei de escutar de críticos: a Psicanálise é uma perda de tempo. Eu acrescento, uma perda de tempo que possibilitará a você ter mais tempo sendo menos extremista e levando a vida menos a sério.

Retomando a fala de Diotima: o amor, Eros, é filho do recurso e da pobreza, e é curioso meditar sobre o amor nesta perspectiva; afinal, muitos maldizem o amor no dia a dia ou o colocam dentro da condicional "recurso". Quantas vezes você já ouviu por aí alguém dizer que "quando o dinheiro acaba, o amor sai pela janela"? Inclusive, é um fantasma de muitas pessoas nos consultórios a ideia de que perder um lugar de "provedor" fará que o amor vá embora. A exemplo de Sílvio, que iniciou a terapia com o "peso nos ombros" de precisar sustentar uma imagem e os gostos de sua amada:

PAC - Sinto um peso enorme. É muita responsabilidade ser esse cara que ela quer. Bancar os gostos dela.

PSI - Esse cara que ela quer?

PAC - Sim. Ela quer um cara bem-sucedido, poderoso, com dinheiro.

PSI - Ela disse isso?

PAC - E precisa? É o que toda mulher quer! Boa vida. Homem provedor. Se você não sabe disso precisa tomar a *red pill*.

PSI - *Red pill?*

PAC - Sim, aquela do Matrix, mas nesse caso é a pílula que desperta o cara, ele passa a ver o que as mulheres querem.

PSI - E o que elas querem?

PAC - O mesmo que a Karen. Um cara de sucesso, um cara de poder. Um cara que banque os gostos dela.

PSI - E quais são os gostos dela?

PAC - Os de toda mulher, entende? A *red pill* mostra isso.

PSI - Então ela simplesmente é igual a todas as outras?

PAC - Sim, todas são.

PSI - Não tem nada de específico nela? Algo que só ela tem?

PAC - Não que eu perceba...

PSI - Se são todas iguais, por que ficar com ela? Ou se preocupar em mantê-la?
PAC - Nem brinque, jamais posso perdê-la.
PSI - Parece que existe algo específico nela, que não tem em nenhuma outra.
PAC - É, pensando assim, talvez.

Essa questão mobilizou Sílvio por várias sessões, e no processo trabalhamos por desenvolver uma maior sensibilidade dele em percebê-la, assim como perceber a si mesmo. Em questão de algumas semanas se deu conta de que o que mais a deixava feliz era sua companhia, sua atenção, suas brincadeiras. Mas um dia ele chegou com muito medo:

PAC - Você tem razão!
PSI - Razão sobre?
PAC - Ela não liga para dinheiro. Brigamos por isso.
PSI - Como foi?
PAC - Ela se queixou que eu estava ausente em vários compromissos nossos, e meio que joguei na cara dela que eu estava ganhando dinheiro para fazer as vontades dela. E aí ela ficou puta!
PSI - Hum...
PAC - Ela disse que se apaixonou por mim por vários detalhes, mas o principal foi quando eu estava num emprego que ganhava muito pouco, mas fazia questão de preparar um jantar pra ela depois do trabalho. E de uma coisa... ridícula...

PSI - Que coisa é ridícula?

PAC - Uma aliança de guardanapo que fiz e dei pra ela. Isso tem tanto tempo e ela guarda essa aliança até hoje.

PSI - E como vocês estão agora?

PAC - Estou inseguro. Agora que virei um cara bem-sucedido, poderoso...

PSI - Qual é seu poder?

PAC - ... rs, nenhum!!! (Risos). Você tem razão!

PSI - Qual é a minha razão agora?

PAC - Esse é o segredo! Não preciso ficar fazendo todos os gostos dela, gastando dinheiro com viagens, presentes.

PSI - E por que não?

PAC - Verdade, né? É gostoso o perrengue, mas é delicioso lembrar dos perrengues num *resort*.

Esse tipo de insegurança sobre perder tal lugar de potência é muito comum de se escutar, e não se refere apenas à questão financeira ou de algum tipo de poder em um cargo de trabalho ou coisa assim. Na verdade, o próprio processo do apaixonamento ao seu declínio envolve isso, ou como dito no capítulo anterior, na passagem do pêndulo do imaginário para o simbólico, ou mais precisamente, da paixão para o amor. Na definição de Lacan: amar é dar aquilo que não se tem. E o que não temos? A falta. Ou seja, amar é dar sua falta ao outro, apresentar a nossa precariedade ao Outro. Os apaixonados não querem se mostrar frágeis uns aos outros; no amor isso é possível. Às vezes penso que vivemos em tempos de crise de amor, ou um amor líquido, como nomeado por Bauman, um amor que é feito para não durar. Trazendo para o exemplo já mostrado aqui, nesse modelo de amor líquido, as pessoas hoje se relacionam quando o pêndulo está no imaginário-paixão, e abandonam seu amado, sua amada, na passagem do pêndulo para o polo simbólico-amor. As incertezas do simbólico, sua incompletude, parecem assustar o outro, mas só é possível amar passando também pela via da pobreza, mãe de Eros. Será que esses que abandonam o fazem por não quererem se deparar com a "pobreza" do outro ou com medo de revelar a própria "pobreza"?

A quem confiar a minha precariedade? Essa é uma pergunta que está por trás de toda busca amorosa. Veja bem, não disse a única pergunta, mas uma delas. E nessa busca que encontramos e desencontramos tantas vezes. Mais uma vez trazendo a entrevista de Miller, temos aqui sua fala sobre o que é amar (mais uma vez):

> *Amar verdadeiramente alguém é acreditar que, ao amá-lo, se alcançará uma verdade sobre si. Ama-se aquele ou aquela que conserva a resposta, ou uma resposta, à nossa questão "quem sou eu?"* [4]
> **(Psychologies Magazine)**

Quem pode responder a essa pergunta: quem sou eu? E ainda: aquele a quem confio minha precariedade seria alguém sem precariedade?

Alguém que possa responder à primeira questão e que fosse sem precariedade na segunda resposta só poderia ser um verdadeiro Mestre. Sócrates é colocado nesse lugar: o Mestre. Quem busca saber de si, ou confiar sua precariedade a um outro, está em busca de um mestre. Quando vamos ao médico, visamos alguém que saiba exatamente de nossa doença, dor etc. Mas e quando falamos do sofrimento psíquico? As pessoas continuam buscando um mestre, mas a grande questão está na postura do clínico, este, se for um psicanalista, jamais deverá ocupar esse lugar de mestre. Essa lição possibilitou a "invenção" da Psicanálise. Diante das histéricas e seus sintomas, os médicos apresentaram seus conhecimentos, e estes se revelaram inúteis, e muitas vezes acompanhados do deboche por parte da paciente. Freud foi aquele que silenciou diante do sintoma histérico, e preferiu escutar o saber dos próprios pacientes.

Agora pense na saia justa em que fica o psicanalista. As pessoas nos procuram para trazer seu sofrimento, sua precariedade ou o desejo de saber sobre elas. Elas fazem isso buscando um mestre. E um psicanalista, é justamente daí que não responderá. Esse lugar paradoxal do analista fez que Freud colocasse a Psicanálise como uma das profissões impossíveis, ao lado de governar e educar. Ou seja, todo aquele que se propõe a seguir uma dessas profissões deve se preparar para lidar com o impossível. Já viu alguém que governa satisfazendo a todos de uma população? Já viu algum professor que pode ensinar TUDO para um aluno? Já viu um psicanalista que diz quem é a pessoa para a pessoa? Infelizmente esse terceiro pode ser que você já tenha visto, mas esse psicanalista não está ocupando o lugar de um psicanalista.

O impossível não significa que não deve ser enfrentado. Não é porque algo é impossível que devemos desistir desse algo. Insistimos no impossível, no melhor estilo Manoel de Barros: "repetir, repetir até ficar diferente" (*O livro das Ignorãças*). Apenas o depressivo desiste diante do impossível; ele cai antes da queda, como bem disse Maria Rita Kehl, citando Mauro Mendes Dias (*O tempo e o cão*). Diante desse impossível a ser insistido, surgem discursos, e Lacan formalizou de maneira belíssima por meio de seus quatro discursos: o impossível de governar derivou o discurso do mestre. Da impossibilidade de educar veio o discurso universitário. O do psicanalista, psicanalisar, e Lacan acrescentou um quarto discurso impossível: fazer desejar, o discurso histérico.

Quem busca o amor busca o mestre. Mas se um mestre ali estiver, não se tratará de amor, mas de submissão, escravidão. A psicanálise é sobretudo uma cura por meio do amor, e dessa forma um psicanalista jamais deve ocupar o lugar de mestre. Sócrates diz que nada sabe, o psicanalista aí também está, um lugar da ignorância douta. Uma ignorância que vem do saber da insuficiência do saber.

Algumas perguntas comuns na clínica:

- "Como faço para as mulheres gostarem de mim?"
- "Por que eu sempre gosto de pessoas comprometidas?"
- "Por que meu pai nunca me amou?"
- "Por que minha mãe me ama dessa forma sufocante?"

Pensemos juntos: que respostas seriam possíveis de sanar completamente perguntas desses tipos? Por mais que a gente compreenda diferentes dinâmicas psíquicas, mecanismos de defesas, características de cada personalidades etc. Existe algum saber que sanaria essas perguntas?

A paixão é a experiência de um preenchimento absoluto, é até difícil questionar se há um saber ali, mas um apaixonado não quer saber disso. Já no amor a história é outra, tem um querer saber e ao mesmo tempo uma falta de saber. Isso mantém o amor em gerúndio, amando. Amando não porque o outro tem todas as respostas, mas porque o Outro tem algo familiar, como se o sujeito encontrasse algo de si no outro, o que Lacan chamou de objeto a, e só ele pode tirar o mestre de cena, ele é um contorno em torno de um vazio. Talvez por isso que uma das cenas românticas mais memoráveis do cinema é do filme *Ghost*, momento em que um vaso é construído por Sam e Molly, juntos, um encaixado no outro, quatro mãos, criando um contorno em torno do que era um vazio. Um vaso transforma o que era um vazio numa falta. O amor transforma o vazio em falta. Falta algo no sujeito que parece estar no seu amado.

"Eu te amo, mas porque inexplicavelmente amo em ti algo que é mais do que tu – o objeto a." [5]
(LACAN, *Seminário 10*)

De repente fico rindo à toa sem saber por quê
E vem a vontade de sonhar, de novo te encontrar
Foi tudo tão de repente
Eu não consigo esquecer
E confesso, tive medo
Quase disse não

> *Mas o seu jeito de me olhar*
> *A fala mansa, meio rouca*
> *Foi me deixando quase louca*
> *Já não podia mais pensar*
> *Eu me dei toda pra você*
> (***Cheiro de amor***, **Maria Bethânia**)

ODE À ETERNIDADE

Em se tratando de amor, não nos parece exagero, mas é bem comum em nosso vocabulário amoroso dizer que desejamos que o amor dure para sempre; afinal, quando encontramos o amor temos a sensação de que, se ele não nos livra, ao menos nos afasta do desamparo humano.

Nesse sentido, ressoa a sinfonia perfeita; em sermos amados por aqueles a quem amamos, tanto quanto o desejo de eternidade pelo amor que sentimos por este. E nesta orquestração, de mãos dadas, seguimos firmes, esperançosos pela imortalidade. Isso demonstra o medo devastador e a angústia que sentimos na tentativa de reassegurar "não mais perder", aquilo que foi reencontrado no par amoroso, nos protegendo do *finale*.

Diotima, a mulher a quem Sócrates busca para saber do amor, destaca na sensibilidade de seu discurso que o amor encontra formas de se eternizar. Aqui nos parece uma tarefa quase que impossível não deixar de mencionar Badiou: "Porque, como é sabido, o amor é uma reinvenção da vida. Reinventar o amor significa reinventar essa reinvenção."[6]

Sem nos apequenar aos idealismos românticos, é certo que as mais belas promessas feitas em nome do amor declaram aos amantes uma proposta de eternidade, e segundo o poeta, o amor inventa uma forma diferente de durar ao longo da vida: e isso vai ao encontro da sabedoria de Diotima enquanto perpetuação do Amor; ele afirma que o amor é "uma das raras experiências em que, a partir de um acaso inserido no instante, ensaiamos uma proposta de eternidade".

Caminhando até aqui, seria um grande desastre desacreditarmos a possibilidade de um amor perene, visto que o amor tanto nos salva quanto nos transforma, e é ele o patrimônio privilegiado de transformação humana; em outras palavras, é ele a fonte pulsional das nossas vidas.

Diotima passa pela dimensão da eternidade do amor enquanto experiência geradora de virtudes, mas que perpassa o desejo universal dos amantes por *"ad infinitum"*. Contudo, para a sacerdotisa há alguns modos de alcançar a imortalidade por meio do amor; e é por aí que ela segue em seu discurso abrangente sobre a força imperiosa de amar.

Amor não tem que se acabar
Eu quero e sei que vou ficar
Até o fim eu vou te amar
[...]
O amor é como a rosa no jardim
A gente cuida, a gente olha
A gente deixa o Sol bater
Pra crescer, pra crescer
A rosa do amor tem sempre que crescer

> *A rosa do amor não vai despetalar*
> *Pra quem cuida bem da rosa*
> *Pra quem sabe cultivar*
> *Amor não tem que se acabar*
> *Até o fim da minha vida eu vou te amar*
> *Eu sei que o amor não tem que se apagar*
> *Até o fim da minha vida eu vou te amar.*
> **(*Amor até o fim*, Elis Regina)**

Gravada em 1966 por Elis Regina, a música foi feita após a primeira separação de Gilberto Gil. Quanto ao fato de a canção, que explora o tema do amor como algo infindo, ter se originado justamente de um sentimento tido ao final de um casamento, isso não constitui um fato único: "Drão" também é assim. Eis uma recorrência: exatamente quando uma relação está terminando vem uma canção tratando da infinitude do amor.[7]

Aqui Gil diz em um momento confessional que o amor não tem que acabar quando uma relação está se acabando. Drão também retrata o amor e o desamor, o rompimento do final de um casamento; "como é que eu vou passar tanta coisa numa canção só?" – pergunta Gil. A música foi escrita para Sandra (apelidada de "Drão").

Há de se pensar que o amor nem sempre acaba quando há a separação. Isso significa que muitas vezes, quando há um rompimento no laço amoroso, não é uma retórica que o amor se chega ao fim. São numerosas as razões pelas quais se desfaz uma relação. É bem verdade que lidar com qualquer término que seja é difícil para todos nós. Dessa forma, vemos mais uma vez que o amor provoca em nós excitações diferentes, de um lado uma enorme satisfação; de outro, mal-estar e sofrimento pela perda de quem amamos.

Há também muitos casos em que o amor perdura para além da ruptura – não para ambos, e muito frequentemente essa é uma das dores mais difíceis diante do sofrimento humano; a dor do desamor, continuar amando mesmo que a relação tenha acabado. Em outras situações, como no luto, continuamos a amar a pessoa mesmo que esta não esteja mais conosco. Nem por isso ela deixa de existir em nós; pelo contrário, há pessoas que continuam com uma vivacidade dolorosa em nossos corações e é também por meio das memórias que perpetuamos o amor por essas pessoas. Desejamos não querer esquecer das histórias construídas ao longo de nossa caminhada. O excesso de presença do outro em nós muitas vezes provoca uma dor pungente.

Nesse caso, a parte que permanece vívida mais do que nunca dentro de nós pode ser chamada de saudade; é ela a memória a quem recorremos e podemos visitá-la durante nossa caminhada.

Muitas vezes...
Dura caminhada, pela vida afora.
(Drão)

Contudo, Diotima, ao ensinar o amor, diz que é possível deixar um novo ser no lugar do anterior, o que nos faz pensar que não saímos intactos na experiência de amor. De algum modo saímos transformados, nem sempre este outro se limita a uma pessoa, como veremos a seguir. Diante disso, seguimos permitindo que o amor se reescreva dentro de cada um de nós. A partir dele sejamos relidos, modificados e transformados.

A fecundidade onde brota o amor está em tudo, na natureza, na poesia, na geração do que é belo e bom. É da parturição do belo que o amor se torna imortal, e se renova. A geração, o parto de beleza no que se propõe a discursar, não se limita ao corpo, mas fundamentalmente se revela na alma. É da união de um com o outro (dos corpos) que podemos "fazer amor"; no entanto, é fundamentalmente na alma que o amor se faz, se inscreve, acontece e brota. Nenhum desses afetos é sempre igual para cada pessoa, e por este motivo o desejo se confunde com o amor. Quando o desejo cessa a desconfiança é que o amor, se não desaparece, se modifica e torna-se outra coisa, e tentamos recuperar a partir do referencial da paixão, o que comumente se traduz em um grande fracasso na grande maioria das vezes.

Todavia, nem tudo é só belo se tratando do amor. Despindo-se do que é belo e bom e calcado nas experiências clínicas, quando há o desenlace de uma relação diante de uma ruptura, percebemos que há um longo caminho em que poderá passar por ressentimentos, raiva e indiferença, o que fere a experiência de amor, desvitalizando o amante; e há de se respeitar o tempo de cada um que sofre para que este tenha espaço para simbolizar os sentimentos próprios em que está mergulhado.

É por meio do amor que apostamos na possibilidade do encontro com a beleza e a humanidade que se encontra em cada um de nós. O acesso à nossa mais íntima precariedade e solidão que também nos convoca a poder sonhar novamente, apostar novamente no amor, sendo possível fazer algo do amor que se finda: "Plantar n'algum lugar. Ressuscitar o chão..."

Vinicius de Moraes, no poema "Haver", faz nos pensar sobre a dificuldade encontrada diante de uma separação:

> Resta essa faculdade incoercível de sonhar
> De transfigurar a realidade, dentro dessa incapacidade
> De aceitá-la tal como é, e essa visão
> Ampla dos acontecimentos, e essa impressionante
> E desnecessária presciência, e essa memória anterior
> De mundos inexistentes, e esse heroísmo
> Estático, e essa pequenina luz indecifrável
> A que às vezes os poetas dão o nome de esperança.
> Resta esse constante esforço para caminhar dentro do labirinto
> Esse eterno levantar-se depois de cada queda
> Essa busca de equilíbrio no fio da navalha
> Essa terrível coragem diante do grande medo, e esse medo
> Infantil de ter pequenas coragens.

AFINAL, O QUE É O BELO

A beleza interior é mais estimada do que a beleza dos corpos, visto que os corpos, ou a beleza dos corpos, são de beleza em comum. O belo no que se refere ao amor trata-se da interioridade. O belo, não o bonito; transporta o indivíduo que é tocado pela beleza em criador. A preciosidade em criar e gerar descendentes eterniza o amor, mas não somente pela via do corpo por meio dos filhos, mas também pela via da geração do saber. Inspirados pelo amor, produzimos coisas belas, geramos eternidades.

Gerar belos discursos, tocar a beleza e sentir-se tocado pela natureza da criação, pela arte, pela poesia conduzem à eternidade do amor. Ali onde brotarão pensamentos do incansável amor à sabedoria; também se trata da parturição do belo, a produção da beleza incita o belo, que incita o amor. Por conseguinte, transforma as pessoas e se eterniza.

Em tempos instantâneos, apostamos na fertilidade em criar narrativas, buscar representações por meio da literatura, da arte e da poética numa aposta à sensibilização e à humanização diante de tempos sombrios, incitando-nos a nos relacionar melhor, criar possibilidades permitindo a cada um que se lê aqui que seja tocado por algo absolutamente pessoal, íntimo.

E desta conexão conosco abrimo-nos para o novo. Assim, nos renovamos, nos compomos e recompomos. Isso também desperta em nós a necessidade de construção de uma narrativa própria como portadores de palavras e experiência singulares e paradoxalmente comuns sobre o amor, ampliando as formas de dar contorno aos sentimentos normais a todos nós.

Por fim, por meio da geração do saber se perceberá uma beleza de natureza maravilhosa... o belo em si mesmo. Isso conceberá em si a própria virtude como farol que iluminará nossa estrada, o caminho que nos guia para o amor de si, e para o amor ao outro.

Argumentações racionais enquanto experiências de amor parecem-nos impotentes, e todo estancamento sobre o amor seria superficial. Tomados por Diotima no que se refere ao amor pelo saber e pela escrita, caminhemos por este certo olhar, não nos fixando ao olhar certo, daquilo que é experiência subjetiva de cada sujeito na clínica e na vida. Sendo possível falar do amor por meio de imagens, das palavras, da arte; por isso, nossa intenção é também contar histórias.

> *Amor é a gente querendo achar o que é da gente.*
> (***Grande sertão: veredas***, **Guimarães Rosa**)

Helena, 33 anos - presa no fascínio do belo

Helena entra em contato e diz buscar terapia devido à ansiedade decorrente do fluxo de trabalho; o colega médico psiquiatra a encaminhou para o processo terapêutico.

PAC - Eu sei que não estou bem, e me assustei com a ideia de tomar medicação, mas no final o médico me prescreveu fazer terapia.

Ela ri!

PSI - E o que você achou disso?
PAC - Depois que comecei a sentir uns tremores, uma pressão no peito deu um "start" de que preciso me cuidar e parar de adiar.
PSI - E por onde você quer começar?
PAC - Tem muitas coisas que estão confusas dentro de mim; meu namoro é uma delas. Meu namorado é perfeito, carinhoso, "super cuida de mim", nos damos bem, e temos planos de seguir em frente; ele quer se casar no ano que vem...

PSI - E você?

PAC - Eu não tenho certeza! Sabe quando você fica procurando justificativa para já e não encontra mais, e começa a ficar chato?

PSI - Me explica.

PAC - Nossas famílias são superamigas, nos conhecemos no clube. O pai dele é superamigo do meu pai, e conheci ele numa festa de final de ano. Ele é superbonito – eu sempre achei, mas parece que falta alguma coisa que eu não sei o que é!

PSI - Falta alguma coisa?

PAC - Falta, mas não é nele, é comigo. Eu gosto dele, só que eu não sei se eu o amo; e não quero viver o resto da minha vida com alguém que eu não amo!

PSI - Você não ama?

Ela sorri.

PAC - Eu acho que... Aaah, eu não sei ainda.

(aguardo)
Ela continua.

PAC - Tenho a sensação muitas vezes de que eu devo amá-lo. É muito estranho isso, porque sinceramente ele é o cara que toda mulher gostaria de ter.

PSI - Deve amá-lo?

Atenta ao ato falho, continuo escutando.

PAC - Sim, quero dizer que no fundo eu acho que amo, mas não sei se para viver o resto da minha vida. Ele é uma pessoa maravilhosa, e daí eu sinto uma pressão dentro de mim, medo de me arrepender no futuro se eu terminar, e se ele encontrar outra pessoa. É estranho isso; fico confusa sobre o que eu sinto [...] nós nos damos superbem. Eu sou menos carinhosa que ele, mas lá no clube chamam a gente de casal perfeito, e fico às vezes noiada se estou com ele porque não quero frustrar meus pais, nossos amigos todos em comum. Temos uma turma enorme só de casais que é superlegal. Estamos sempre juntos e não queria estragar tudo isso. E o pior, não posso falar disso com ninguém!

PSI - E o que você acha desse título de casal perfeito?

PAC - Ah! Fico apavorada! Eu sempre fui ansiosa e quando começam com isso fico ainda mais!

PSI - Fica ansiosa como?

PAC - Aaah, normal. Roo unhas e de um tempo pra cá percebi também que estou compensando minha ansiedade em outras coisas, compras... Compro muitas coisas. Minha mãe fica me enchendo o saco dizendo que todo dia chega uma entrega pra mim; e o pior que é verdade, tem coisas que eu nem abri ainda; estão com etiqueta.

PSI - Tem coisas que ainda não foram abertas, tem muitas coisas acumuladas acontecendo com você?

PAC - Sim, é verdade. E eu fico procurando mais e mais; e isso também me cansa, me deixa mal. Fico tentando esconder o que chega.

PSI - Helena, o que você está escondendo?

Ela silencia e retoma por alguns segundos.

PAC - Acho que escondo tudo de todo mundo. Todos me veem como exemplo.

PSI - Hum.

PAC - No trabalho, na academia; aliás, se fico um dia sem treinar já me acho horrível. Fico me culpando, porque minha irmã é bem mais magra que eu e sempre foi assim, e eu sempre tive problemas com o peso. Agora estou bem, mas tenho medo de voltar a ser como eu era.

PSI - E como você era?

PAC - Eu era sem graça. Não era feia, mas estou mil vezes melhor. Depois que comecei a treinar fiquei mais mulherão com corpão. Eu gosto mais de mim agora, porque sei que chamo mais atenção assim. Quero manter!

PSI - E é custoso para você manter tudo isso?

PAC - É, mas não sei o que fazer. Me sinto às vezes numa prisão, só seguindo protocolos. Isso me angustia. Parece que não posso dar um passo em falso. Me cobro demais, e também sofro sozinha sem ter com quem conversar. Tenho várias amigas, mas não posso confiar dizer isso pra elas!

PSI - Por que não?

PAC - É uma coisa que é íntima minha. Eu sou apelidada de ser "meio psicóloga" por ajudar todo mundo, mas não confio em quase ninguém.

PSI - "Elas" não suportariam lidar com sua imperfeição?

PAC - É... pode ser.

PSI - Como é que você lida?

PAC - Na real, sinto-me uma fraude muitas vezes. Tenho o sentimento de que vão perceber em algum momento o quanto sou vazia... doente, sem graça.

PSI - Vazia, doente e sem graça?

PAC - É!! É assim que estou me sentindo... Às vezes me pego pensando que eu poderia ser transferida pelo meu trabalho para outro país. Assim, daria a desculpa de que não poderíamos casar agora. Eu morro de medo de ele me pedir em casamento!

PSI - Você tem medo de que ele te veja vazia doente e sem graça?

PAC - Eu queria só continuar namorando sem pressão; até decidir se amo ou não ele, se me acostumei com ele, porque não sinto falta. Às vezes fico aliviada de ter tempo só pra mim, sem ter que me esforçar para não ser o que não sou.

(com a voz embargada, as lágrimas saltam e ela interrompe)

PAC - Aaaah! Me desculpa.

Ofereço um lenço de papel. Ela pega, limpa o rosto e pede para usar o banheiro.

Após retornar, seus olhos já não estão mais manchados pela maquiagem.

PAC - Talvez eu tenha que vir umas três vezes na semana, não é? – diz em tom jocoso, pegando a bolsa e se despedindo, dizendo retornar na próxima semana.

Após 4 dias – uma mensagem de Helena.

"Olá,

Terei que desmarcar esta semana. Acho que preciso de um tempinho. Gosto muito dos nossos encontros, mas me dói demais. Acho que nos dias seguintes a eles eu fico pior. Fico muito mal; quando saio do consultório estou ótima, mas no decorrer da semana pioro. A terapia tem mexido com muitas coisas dentro de mim que não estou pronta neste momento.

P.S.: as duas sessões seguintes estão pagas, para não comprometer sua agenda.

Com carinho.
Até breve."

Situações como essa são sempre delicadas ao clínico. Diante de uma mensagem dessas devemos aceitar simplesmente? Ou será que o paciente o faz esperando uma reivindicação da nossa parte?

Será que essa é a maneira pela qual ela "sabe ou pôde fazer"?

Pode ser que seja algo a ser falado numa sessão e assim entramos em contato convidando o paciente para mais uma sessão, para poder escutá-la (mesmo que seja para a possibilidade de falar sobre o término).

É um tipo de mensagem que faz questionar o lugar do analista. Winnicott escreveu um texto belíssimo chamado "Observação de bebê em uma situação padronizada", também conhecido como o "jogo da espátula". Consiste no seguinte: ao atender os bebês e suas mães, Winnicott fincava uma espátula metálica na mesa e, de acordo com ele, qualquer bebê que estivesse indo bem em sua jornada existencial se interessaria pela espátula. E assim buscaria a espátula com as mãos, e esse gesto só foi possível pelo fato de o bebê confiar no ambiente. Ninguém o proibiu de pegar e ninguém pegou por ele. Então, ele traz a espátula até a boca, mostrando que já existe um senso de "primeira pessoa"; coloca-a dentro da boca, revelando que existe um dentro e um fora; mastiga a espátula por acreditar na sua "sobrevivência"; e, em seguida, joga-a e alguém a devolve, o que fortalece seu pensamento onipotente, e depois de muito jogar e reencontrar, abandona a espátula, perde o interesse por ela.

Apesar de essa situação ser descrita com um bebê, não podemos pensar que se refere a apenas um bebê. Esse modelo pode ser pensado para a clínica do adulto. Gilberto Safra descreve um atendimento clínico nesses moldes, em que o analista é tomado como uma espátula e terá serventia enquanto o paciente o quiser. Será que podemos tomar tal atitude de Helena por essa via?

Esse ponto de vista de Winnicott é bem possível, mas não podemos deixar por isso nossa análise, pois, ainda que o paciente use o analista o quanto julgar necessário, isso não exclui que essa questão tenha sido superada por Helena. Aqui cabe acrescentar a ideia do belo, do bom e de suas armadilhas. "Podemos nos defender de um ataque, mas somos indefesos a um elogio" (frase atribuída a Freud). Qual é o risco de ser taxado como belo ou bom? O risco é que esse tipo de comentário soa como elogio, e isso aprisiona. A fascinação em se ver belo ou bom obriga, muitas vezes, a negar em si mesmo o que é feio e mau. Todos nós ficamos fascinados quando aparecemos em uma foto de maneira bela. A vontade é de postar a foto, usá-la nas diferentes redes sociais, tão belo na foto que até tentamos replicar em outras fotos a mesma pose, luminosidade etc. O ser "bom" também tem esses efeitos. Um paciente teve como seu principal ganho, de acordo com ele mesmo, a possibilidade de ser mau. Desde muito cedo fora taxado como uma criança boa. Suas ações "sempre boas", na escola, na família, depois no trabalho, no casamento, o "Mr. Nice Guy", como ele mesmo se intitulava. Mas ele não chegou ao processo visando deixar de ser o bonzinho, chegou por outras questões, mas um dia chegou a uma conclusão sobre si mesmo:

PAC - "...é para a sua proteção...é para a sua proteção..."
PSI - O que é isso?
PAC - Uma música...

PSI - Plebe rude?

PAC - Isso! Pensei em mim!

PSI - O que pensou?

PAC - Quantas coisas são feitas com esse *slogan*: isso é para sua proteção!

PSI - E que outras coisas?

PAC - Fiquei pensando em ser bonzinho, ser bom. Cara, você já reparou quantas coisas ruins são feitas e usam o *slogan*: é para o seu bem?

PSI - Seu bem?

PAC - Exato! Meu bem nada. Tem pai que bate em filho usando essa frase. Cansei de ser bonzinho, cansei de ser do bem.

PSI - Pai que bate em filho?

PAC - Não é meu caso. Nunca bati nos meus e também nunca apanhei. Sempre fui o bonzinho que resolve as coisas de maneira madura.

Agora, voltando à Helena, acrescentando mais um ponto à questão de seu "abandono" do processo: ela, assim como muitos, quando começam a falar em uma terapia, se escutam pela primeira vez e também são introduzidos na constatação de que falar tira qualquer um desse lugar do belo, a autocontemplação. Existe o paciente de uma sessão, alguns porque se curam de algo, bastava só uma vírgula, outros vão embora antes de se curarem; afinal, a cura implica romper com muita coisa que foi estabelecida até então. Como ficou claro na fala de uma paciente, que iniciou o processo sabendo do pai apenas pelo discurso materno. Em poucas sessões, decidiu ir saber do pai por ela mesma. Nas primeiras mensagens com o pai, algumas coisas começaram a ruir. A mensagem chega dias depois: "Vou parar a terapia. Não consigo lidar com o estrago que seria ter que modificar as legendas do meu passado". Depois disso, foi impossível falar com ela.

O belo aprisiona, assim como o bem. Em certas famílias, tem-se a cultura de tudo agradecer, tudo ser visto pelo lado bom e todos os problemas vistos como chances de crescimento. O potencial agressivo é silenciado, criando sobre ele uma camada de discursos do bem e da bondade, tamponando a realidade que se apresenta para todos. Até que um dia uma explosão de raiva poderá ser o destino. Isso não significa que a agressividade deva ser estimulada, ou o mal, mas sim que essas coisas possam ser reconhecidas, abrigadas como humanas e presentes em todos nós. Saber que é possível ser agressivo, violento e até mesmo mau, e não o fazer por escolha, é um caminho muito mais seguro para a pessoa do que tentar sufocar certos sentimentos e características.

Nada é mais difícil de suportar
que uma sucessão de dias belos.
(citado por Freud em *O mal-estar na civilização*)

Sobre os efeitos da dita positividade tóxica, entre outros fenômenos de nossa cultura que negam o sofrimento humano, o mal-estar e a vulnerabilidade como condição natural a todos os humanos, sobre o prisma da fixação do belo e bom, há muitos que sofrem e padecem num silêncio mortífero, sustentados por máscaras, filtros e excessos; tentativa essa muitas vezes de controlar de modo onipotente o sofrimento. Em vão, visto que nossos conflitos sorrateiramente nos atravessam e não raro as defesas dessa natureza produzem uma confusão tremenda em nossos sentimentos. Esses relatos entram pela porta de nossos consultórios, dizendo-nos que a cultura e as relações sociais que vivemos hoje perpassam a clínica. A cultura também nos constitui; não há separação.

SER TÃO FELIZ QUANTO ME VEJO NAS REDES SOCIAIS

Em Helena, esse lugar de ser boa e bela tanto lhe traz sensação de poder, de ser amada, admirada, quanto faz parecer a ela mesma que é uma fraude e até mesmo boba.

O consumo desmedido dela é parte do recalcamento, estanque aos afetos pelo namorado e à pressão da família pelo compromisso conjugal. Desejosa de coisas, mantém suas compras intactas sem fazer uso delas, com as etiquetas que representam a ela não estar pronta ainda para vesti-las. Muitas coisas compradas são coisas. Como tantas coisas em sua vida que continuam mantidas em excesso. Aquela roupa que ela não usa será aquela que ela manterá intacta. O medo do futuro, de se arrepender, para ela não é menor que o medo de se comprometer consigo mesma.

Com muito calor estou
E agora com frio estou

De repente um gênio sou ou uma boba sou
Agora é fato, mais eu sei que algo estranho aconteceu
Uma contradição.
(Steven Universo)

Referências

1. PLATÃO. *O banquete.*
2. PLATÃO. *O banquete.*
3. SAUNDERS, A. *Revista Readers's Digest*, 1957.
4. MILLER, J. Entrevista a Hanna Waar, *Psychologies Magazine*, 2008.
5. LACAN, J. *O seminário, livro 10, angústia.*
6. BADIOU, A.; TRUONG, N. *Elogio ao amor.*
7. GIL, G. *Gilberto bem perto.*

CAPÍTULO 7

QUANDO DEIXAMOS DE SER AMADOS

O último discurso d'*O banquete* tem certas peculiaridades, primeiramente feito por alguém que não estava presente nos outros discursos: Alcebíades. Ele chega ao final do discurso de Sócrates embriagado, procurando por alguém em especial:

> *"Não muito depois ouve-se a voz de Alcebíades no pátio, bastante embriagado, e a gritar alto, perguntando onde está Agatão."* [1]
>
> **(p. 153)**

E assim entra e logo se acomoda entre os participantes. Senta-se ao lado de Agatão, sem se dar conta de quem estava do outro lado. Eis que toma um susto ao ver se tratar de Sócrates. Temos assim o início da estruturação de um triângulo amoroso. Nesse momento da história, Agatão é amante de Sócrates, mas no passado, o amante era ele, Alcebíades, e este logo começa com acusações sobre Sócrates:

> *"O que sofri sob os efeitos do discurso desse homem... e sofro ainda."* [2]

> *"Diante desse homem somente que me envergonho [...] Eu o revelarei."* [2]

Frases como as acima aparecem em todo o seu discurso e parecem revelar ressentimento por parte de Alcebíades. Queixando-se de sedução e de ter se envolvido numa cilada, alerta Agatão de que o mesmo ocorrerá com ele, pois Sócrates, apesar de "feio por fora, é belo por dentro", e essa beleza interior primeiramente seduz para depois rejeitar. O ponto de vista de Agatão sobre Sócrates parece descrever os *"serial lovers"* ditos por Miller:

> *Alguns sabem provocar o amor no outro, os serial lovers – se posso dizer – homens e mulheres. Eles sabem quais botões apertar para se fazer amar. Porém, não necessariamente amam, mas brincam de gato e rato com suas presas. Para amar, é necessário confessar sua falta e reconhecer que se tem necessidade do outro, que ele lhe falta. Os que creem ser completos sozinhos, ou querem ser, não sabem amar. E, às vezes, o constatam dolorosamente. Manipulam, mexem os pauzinhos, mas do amor não conhecem nem o risco nem as delícias.[3]*

Mas será mesmo Sócrates um *serial lover*? Difícil responder a algo do tipo, pois muitos, ao final de uma relação, fazem essa leitura do parceiro/parceira, de que foram usados, seduzidos, rejeitados, abandonados etc.

PAC - Ele simplesmente chegou e disse que não queria mais... Quando estava bom ele queria, e quando fica ruim ele não quer mais?

(Silêncio)

PAC - O cara insistiu para ficar comigo no começo. Me fez largar tudo pra ficar só com ele, me usou para várias coisas, até sexuais, e agora chega e me descarta.

PSI - Quando estava bom ele queria, e quando estava ruim ele não queria mais...

PAC - É, você falando assim até que soa lógico, por que ele ia querer ficar onde está ruim?

PSI - Estava ruim?

PAC - Sim, eu não aguentava mais o nosso dia a dia, as brigas, os detalhes dele. Sabe quando tudo que a pessoa faz te irrita?

PSI - Como é?

PAC - Acho que tem muitas coisas que no começo eram fofinhas, perdoáveis, mas depois ficaram insuportáveis. Toalha molhada na cama – no começo eu falava num tom de brincadeira e até pensava assim que era fofo, tipo um menino atrapalhado. Mas poxa, o cara passou dos trinta, está comigo há cinco anos e não aprende.

PSI - Você disse que não aguentava mais o dia a dia e que dia que aguentava?

PAC - Ah, tinha dias que eram bons. Sabe datas comemorativas? Nossos aniversários eram ótimos. Sempre viajávamos. Daí eram alguns dias mágicos e depois voltava ao insuportável de sempre.

PSI - Pelo que entendi, em 365 dias do ano eram 2 dias bons e 363 insuportáveis.

PAC - Era. Mas isso não dá o direito de ele me abortar assim!

PSI - Abortar?

PAC - Nem sei porque falei isso. Bom, até sei. Minha mãe abortou uma vez e eu descobri. Achei péssimo da parte dela.

PSI - Como foi isso?

PAC - Eu era pequena, e lembro que ela ficou mais barriguda, ela chegou a me contar. Depois ela começou a ficar triste, aí um dia fui para casa da minha avó, fiquei dois dias lá. Depois voltei, ela estava diferente e em pouco tempo a barriga desapareceu. Ela tinha abortado. Seria uma criança deficiente. Escutei eles conversando uma vez sobre isso, ia ser insuportável para eles criarem uma criança assim.

PSI - Insuportável?

PAC - Não sei qual é o problema disso para eles. Eles também não se suportavam. Brigavam o tempo todo. Eu presenciava isso e minha mãe dizia que "o amor tudo suporta".

PSI - O amor tudo suporta?

PAC - Pra mim, sim, mas para o Renato parece que não.

PSI - Nesse caso, amor seria suportar a relação insuportável?

PAC - Ela não era insuportável...

PSI - Um, dois, três, quatro, cinco, sei, sete, oito...

PAC - O que você está contando?

PSI - Quantas vezes hoje você disse que a relação de vocês era insuportável.

PAC - Nossa, não precisa atirar na cara.

PSI - Por que você sente isso como um tiro na cara?

PAC - É constatar o óbvio que eu não queria saber.

PSI - O que mais tem de óbvio e que você não quer saber?

PAC - Achei pesado eu falar que ele me usou. Na verdade, fomos descobrindo várias coisas juntos. Quando começamos a ficar, eu tinha um rolo com outro cara, mas ele nem me dava bola. Mas o Renato chegou reivindicando por mim. Descobrimos várias coisas juntos. Nosso sexo foi evoluindo, sabe? Íamos em *sex shop* juntos, comprávamos brinquedos, era bem divertido. Poxa, que cara legal que é o Renato.

PSI - Essa história sempre será de vocês...

PAC - Isso! Eu não tenho que ficar com ele pra sempre porque foi bom no começo. Meus pais são assim. Eles suportam e minha mãe fala que um dia foi muito bom, ela tem duas lembranças. Mas, tirando isso, ela reclama do meu pai todos os dias. Não acho que é o amor que tudo suporta, mas sim a covardia. São dois covardes.

(silêncio)

PAC - Mas vou sentir falta dele. De nós.

O término nunca é fácil, e nunca li algo mais tocante sobre uma ruptura do que o texto "Separação", de Vinicius de Moraes. Eis um trecho:

> *Voltou-se e mirou-a como se fosse pela última vez, como quem repete um gesto imemorialmente irremediável. No íntimo, preferia não tê-lo feito; mas ao chegar à porta sentiu que nada poderia evitar a reincidência daquela cena tantas vezes contada na história do amor, que é história do mundo. Ela o olhava com um olhar intenso, onde existia uma incompreensão e um anelo, como a pedir-lhe, ao mesmo tempo, que não fosse e que não deixasse de ir, por isso que era tudo impossível entre eles. Luto e a cisão...*
>
> *[...] De súbito, sentindo que ia explodir em lágrimas, correu para a rua e pôs-se a andar sem saber para onde...*[4]

Luto e cisão, escreveu Vinicius. Luto e cisão eram o cenário de Valéria. Para lidar com a dor do luto, uma das estratégias (inconsciente) é cindir o objeto/experiência, tudo aquilo que é bom e prazeroso é magicamente esquecido e negado. Afinal, o que mais dói é quando as boas lembranças e qualidades vêm à tona. Sendo assim, nosso psiquismo "divide" a pessoa ao meio e conscientemente só lembramos dos defeitos e das experiências ruins. O que foi bom, além de ser negado, pode ter seu sentido invertido, e a pessoa coloca que foi usada, obrigada, que não estava ali por sua vontade. O processo de "cura" do luto vai possibilitar que aos poucos a pessoa tome a outra pessoa na sua totalidade. Aquele que até então era odiado e atacado se revela o mesmo que fora amado, e assim o sentimento de culpa aparece, e o desejo de reparação. O ex, ou a ex, deixa de ser um fantasma assombroso e passa a ser uma lembrança boa.

É importante dizer que nem sempre na cisão a outra pessoa será depreciada, o verso é possível. Pessoas mais introjetadas (depressivas), numa experiência de término/luto, acabam por idealizar seus parceiros e se autodepreciar. Apesar de saídas opostas, a resolução do luto em ambas é semelhante.

Alcebíades parece se encontrar nesse luto mal resolvido do amor com Sócrates. Porém o que faz o luto de um rompimento ficar nesse lugar "mal resolvido"? Não existe uma explicação única, ou definitiva, mas algo é constatado na clínica e na vida, o motivo do término. O que é mais difícil de lidar: alguém terminar com você porque existe outra pessoa ou terminar com você porque o amor acabou? Uma pergunta que fiz diversas vezes em sala de aula, e a maioria das respostas era a primeira opção: pior é quando é por outra pessoa! É claro que essa resposta é subjetiva. Já vivi as duas coisas e tudo dói. Mas então colocava certa perspectiva para os alunos, e assim suas respostas certeiras passavam a ser questionadas por eles mesmos. Eu dizia algo mais ou menos assim: quando somos deixados porque existe uma outra pessoa, temos algo pensável. Existe alguém concreto para olharmos a cara, falar o nome, procurar nas redes sociais. E mais, existe um nome para odiar, xingar, nos comparar. Existe um repertório a ser utilizado, e como disse Hannah Arendt: "Toda dor pode ser suportada se sobre ela puder ser contada uma história."[5]

Alguns alunos diziam: mas professor, isso é horrível. É masoquismo!

Então, eu continuava: e quando alguém simplesmente diz que o amor acabou? Ou seja, o outro diz, sem dizer: eu não te amo mais. E não digo para trocar por outra pessoa, eu prefiro ficar sozinho a ficar com você. Estamos em uma situação do impensável, irrepresentável, da ordem do real; e o real é aquilo que insiste em não ter nome, e sempre retorna, como nos versos da música: "O que será que será, que nunca tem nome e que nunca terá" (Chico Buarque, *O que será*).

Na clínica é muito clara a diferença de sofrimentos em relação aos ditos e aos não ditos; os ditos doem, mas "é melhor que caminhar vazio" (Peninha, *Sonhos*). Algo recorrente em pacientes que foram adotados é que gostariam de, pelo menos uma vez, escutar da boca de suas mães o porquê de não ter ficado com eles.

PAC - Eu não consigo nem sentir raiva dela (mãe biológica), nem a isso ela me deu direito. Não sei como ela é, não sei como é a voz dela. Só queria que ela me dissesse o porquê. Eu só queria poder odiá-la. Mas ela só me deixou um vazio sem fim.

Mas voltando à questão, o que é mais difícil lidar: ser trocado por alguma outra pessoa ou o outro deixar de nos amar? No final das contas, a segunda é condição da primeira. Se um outro pôde roubar nosso lugar é porque esse lugar ficava disponível em alguns momentos. Aliás, essa é a dor do Complexo de Édipo. Lacan, sabiamente, preferiu, ao invés da figura do pai, o Nome-do-pai. Ou seja, a questão não é o pai real, mas sim, o nome que aparece como destinatário do desejo da mãe, isto é, o filho já foi o falo materno, mas ela desejou por um tempo só aquela criança. Aos poucos, ela se recuperou da preocupação materna primária e seus olhares de desejo começaram a se desviar; e o filho, para não constatar que não é mais desejado pela mãe, prefere achar algum rival para lutar a vida toda, e isso ele descobrirá no discurso materno: quando ela diz não para mim, o que ela coloca no lugar? Pode ser o pai, o irmão, a doença da avó, o trabalho etc.

Sócrates faz essa operação com Alcebíades. Ele transforma um "tu te tornas eternamente responsável por aquilo que cativas", não dito por Alcebíades, mas atribuível a ele, em "tu és responsável pela fantasia que fazes de mim".

PARA QUEM É MAIS DIFÍCIL? O QUE NÃO AMA MAIS OU O QUE NÃO É MAIS AMADO?

Alcebíades encerra o discurso com uma representação de amor vivida na carne pelos amantes. Revela o desejo de exclusividade, o anseio de posse expresso pelo ciúme, tão presente nas histórias e nas experiências de amor. Entretanto, curiosa é essa relação que fazemos entre o amor e o ciúme, como se este segundo fosse um termômetro para sentirmo-nos amados. Isso coloca em evidência as confusões a respeito das deturpações que fazemos em nome do amor. Dizia-me uma paciente que, pelo amado não manifestar nenhum tipo de ciúme, ela não se sentia amada. Seja quais fossem as outras expressões de amor que ele fizesse, estas se tornaram amiúde insuficientes, o que lhe interessava era a provocação, a excitação do ciúme no parceiro, que no final das contas nunca respondia como ela desejava. Era assim que ela experienciava o amor. Diferentemente dele, vivia num descompasso, mas o convocava frequentemente para uma coreografia amorosa numa espécie de "*pas de trois*" – termo utilizado no *ballet* clássico, mas nos serve para compreender a coreografia insidiosa e inconsciente para ela, que incluía três pessoas (no caso do *ballet*, três bailarinos), enquanto na verdade sua narrativa na clínica, o solo de seu repertório, era o desejo pela dança a dois, o "*pas de deux*" – tipo de dança para duas pessoas, uma gramática corporal, um dueto de movimentos belos de elevação, giros saltos e sincronia, que tem como simbolismo o amor, uma dança que ocorre juntos.

Assim ela tentava "domesticar" o parceiro transformando-o em outros, condenada a inventar situações que despertavam nele o ciúme e inevitavelmente sofria com as próprias artimanhas. Ela tentava provocar a sua dinâmica de funcionamento convocando seus parceiros para esta posição, em que se sentia amada às custas de sua inventividade. Colocava certas condições para o funcionamento das relações. Tudo era um grande ensaio. Em certas horas, dizia que se sentia irreal; a essa irrealidade, encenava em diversas relações amorosas pela impossibilidade de enfrentá-la. Ela não negava seu sofrimento, mas se esquivava de suas implicações enxergando-se como vítima dos acontecimentos, transformando amor em hostilidade. Em algumas situações, dizia "ter o dedo podre" para as escolhas amorosas, suas piruetas – movimento típico da dança em que o bailarino parece com um pião humano girando no mesmo lugar – a deixavam em repetições constantes. Não por acaso o nome dado a esses giros são "*fouettés*", que, em francês, significa "*fouetter*" – chicotear, mas que diferentemente da vida real, no *ballet*, o giro descreve a incrível beleza e a proeza da bailarina que gira sem parar sobre uma perna só. É interessante pensar que a primeira bailarina a fazer os 32 *fouettés* interpreta na trama do *ballet O lago dos cisnes* estes giros para enganar, seduzir e enfeitiçar o príncipe, fazendo que ele jurasse amor eterno a ela.

Seja qual for a manifestação do ciúme, ele de fato antecipa a perda de quem amamos, seja pela fantasia ou pela realidade que se apresenta devido à insegurança e ao medo sentidos que assaltam a pessoa; e esta passa muitas vezes a ter uma ilusão de posse diante do destinatário do amor.

O que ocorre nos chama atenção em relação ao ciúme de Alcebíades e suas expressões. Suas atitudes são facilmente identificadas pela grande maioria das pessoas. Esse ciúme passional representado corriqueiramente em telenovelas e na ficção não está nada longe das nossas experiências emocionais em algum nível, exceto por aquelas que não assumem que sentem algum tipo de incômodo como o ciúme ou tentam se convencer disso.

O ciúme guarda em si o desejo de exclusividade, somado à dolorosa recusa e à indiferença, a pessoa é imersa em um sentimento que fere sua percepção de valor, e isso revela e desencadeia a ambivalência que percorre o discurso entre elogios e ataques que se exteriorizam perante o sentimento de abandono do amado. Mas prevalece em sua narrativa a grandeza com que enxerga o seu amado, fazendo-nos pensar no quanto para manter o outro – neste caso, o amado intacto – muitas vezes o amante se sente esvaziado; assim, o brilho e a altura do amado tornam-se ainda maiores.

Tomado pela bebedeira, ele se encoraja a revelar seu amor por Sócrates. Quantas vezes escutamos relatos que se justificam por detrás de um copo a mais, como álibi perfeito, para que assim a pessoa possa tomar a decisão de delatar algo que a princípio sóbrio não faria. Aquela ligação ou mensagem que por conta da bebedeira foi revelada uma verdade; uma mensagem que em sobriedade não se tinha a coragem de dizer, ou a declaração de amor feita após uma taça, ou um pedido de desculpas para dizer ao amado que espera pelo seu retorno. Se você não viveu isso, talvez já tenha escutado relatos assim.

Ele, inebriado pela paixão, faz um elogio ao amado e não ao amor. É interessantíssimo pensar que tomamos o amado muitas vezes como a máxima representação do amor. Percebemos que conhecemos sobre o amor por meio de pessoas que nos ensinam sobre ele. Melhor dizendo, que na experiência com estas aprendemos a amar e nos sentir amados. Com isso é notável o quanto reduzimos a experiência do amor, nos atendo a formas de um ou de outro nos amar. Isso nos leva a crer que o amor pode se tornar reducionista e calamitoso se não compreendermos e nos implicar a compreender a nossa forma de amar e sofrer por amor, e sobre os efeitos da palavra "amor" esconde-se um arsenal íntimo não sobre ele, mas sobre a forma de nos relacionarmos com ele, como escreve Clarice Lispector: "Me deram um nome e me alienaram de mim"[6].

Forma essa que expressa como o amor é vivido de maneiras diferentes sobre o pano de fundo de um único ou último nome – aliás, o amado torna-se mais importante que o sujeito, que as experiências e sua vida subjetiva; o ciúme é tido como uma expressão do amor, mas será que é disso que se trata o que propomos enquanto reflexão sobre o amor?

Nem sempre é amor, pode ser cilada, culpa, medo da solidão, retaliação, desejo, paixão, idealização, fantasia, carência... A exemplo disso, podemos citar o caso de Andressa.

Andressa - um amor obsessivo

Com muito sofrimento, após um ano em terapia, decide por se separar.

Após viver 12 anos em um relacionamento conjugal conturbado, decide pela separação. Custoso para ela, dizia saber que seria uma escolha difícil de ser enfrentada. Tinha medo de não conseguir manter a decisão. Dizia que o motivo de buscar ajuda era que se encontrava em um relacionamento tóxico que era marcado por traições frequentes, físicas, emocionais e financeiras, por parte de seu companheiro. Esse tipo de amor que ela vivia era um amor possível para ela durante muitos anos, uma vez que Marco foi seu primeiro namorado e se habituou com o jeito dele. Descobriu que ele se relacionava com outra pessoa por aproximadamente três anos.

Desde o namoro, o ciúme era presente na relação. A separação foi extremamente dolorosa para ela. Dizia que em muitas horas se sentia aliviada, em outras sentia uma queda vertiginosa que a fazia sentir um aperto no peito difícil de suportar. Nessas horas, criava situações e justificativas para entrar em contato com ele, e isso de alguma forma a princípio a tranquilizava, mas na sequência entrava em uma tristeza abissal.

Aos poucos, Andressa foi passando por essa torrente de

sentimentos; aos poucos foi se desligando emocionalmente de Marco, retomando o interesse por si, pela sua vida, descobrindo uma janela que mantinha trancada por muitos anos. Não é raro que uma mudança feita em nossas vidas ocasione outras mudanças na sequência.

Conheceu uma pessoa e já estava namorando há oito meses. Nas palavras dela, o namorado é alguém mais tranquilo e companheiro e relata que se assustava com as manifestações de carinho dele. Relatava atitudes simples como o cuidado, mas que não faziam parte de sua relação anterior. Estranhava-se naquela relação, comentava que era uma relação de amor na qual não se apresentava o ciúme doentio como na relação com o ex-marido, por sentir-se segura e amada; e isso, embora a fizesse sentir uma felicidade até então não experimentada, deixava-a assustada ao mesmo tempo.

Parafraseando Rubem Alves, foi a partir do fim que ela conheceu um lugar de começo. Foi a posteriori em uma sessão, após já estar nesse novo relacionamento, que se deu conta na análise sobre suas repetições anteriores em que um vaivém da relação a fazia refém de si, provocando-a a viver em constantes perturbações e sofrimento.

Ela ainda sente a necessidade de fazer o luto da antiga relação, uma vez que com o término da relação anterior sente que parte de quem era se foi com o desenlace, e buscava saber, conhecer mais de si. Comentava suas inseguranças em "estragar a relação" com essa pessoa com quem estava se relacionando atualmente, mas seus medos não se sustentavam por muito tempo, à medida que entrava em contato com eles.

Durante o processo, ela pôde se dizer que o que a ligava à

relação anterior era um círculo vicioso; e entre as idas e vindas após as sucessivas traições e violações de confiança do ex-marido, percebeu que quando faziam as pazes o sentimento que sentira a servia como esteio pela sensação de conquista por seu amado retornar à relação, uma mistura de orgulho, que em seguida abria para uma dor lancinante e a culpa por dizer não conseguir se livrar desses sentimentos.

"Se ele ainda volta para casa é que me ama, mais do que a outra, e escolheu a mim", dizia ela anteriormente convencida disso.

Logo entrava na pilha torturante em que a disputa com a "rival" era o chão indispensável para a manutenção de seu desejo pelo marido. Um desejo devastador, degradante.

Estranhamente, aquela pessoa (a amante do marido) com quem disputava como numa partida de futebol, quando "ganhava a partida" entrava em uma excitação perturbadora e efêmera que não a fazia sentir-se feliz, relatava ela. Logo era invadida por uma angustiante depressão que a deixava prostrada e sem forças.

Em suas experiências de amor, começou a tecer a trama de suas experiências afetivas com os irmãos e pais. Dava-se conta de que a disputa pela atenção do pai numa corrida angustiante pela sua atenção era uma constante. Contou durante nossos encontros que decidiu por escolher a mesma profissão do pai.

"Queria dar orgulho pra ele", ela dizia.

Essa dinâmica deturpada se aproximava com o tempo que vivera, segundo ela, em um inferno amoroso na relação com o ex-marido, entre disputas infindáveis que a faziam cair num desamparo, sentindo-se muito sozinha. Ela fez uma associação de uma dinâmica tortuosa na maneira de se relacionar com o amor.

Manifestou o desejo de ser amada tanto quanto seus dois irmãos, o mais velho e a mais nova. Sentia que os irmãos eram "mais amados" pelo pai:

"Sempre fiquei no meio dos dois; sou a do meio, a filha que é deixada de lado por ser a que não dava trabalho. No meio de dois".

Foram muitas as experiências emocionais escutadas e muitos rastros que a faziam se estranhar consigo mesma e validar seu aprisionamento em sua história.

Somada a raiva que sentia por sentir-se excluída e rejeitada pelo pai, fez uma associação com as voltas com o ex-marido. A cada vez que ele retornava para casa, que eles voltavam a se relacionar para então "ficar com ela", ela pobremente triunfava num alívio temporário e muito em breve retornava às repetições causadas por muita dor, aceitando as traições, às vezes após o pedido de perdão, quando não, para que ele retornasse para casa, pois a ausência a enlouquecia, segundo palavras dela, ela pedia que ele voltasse. Aceitar a traição significava para ela a permanência de um nó relacional em que se sentia impelida por si mesma a se desfazer.

No livro *O ciúme, delícias e tormentos*, Marcianne Blévis escreve sobre esta experiência:

> *Exilados de si mesmos, com a linguagem infantil congelada por uma angústia intolerável, eles contemplam tristemente os outros, invejosos por ver neles impulsos afetivos menos amordaçados que os seus. Quando a*

> *arte do psicanalista devolve aos ciumentos sua linguagem amorosa da infância, despreocupada e livre, porventura não torna a deixá-los aptos para o amor?* [7]

Foi possível durante o tempo que passamos juntos compreender que o sentimento que vivia era uma angústia histórica e que se apresentava no presente, e guardava em comum a experiência de quando decidiu sair de casa e morar sozinha pelo fato de o pai escolher o irmão para assumir uma parte importante na empresa. Após o fato, desligou-se fisicamente do pai, mudando-se da "casa paterna", porém fixando-se emocionalmente num alojamento em extensão emocional para não se separar dele.

O reconhecimento de Andressa foi uma importante forma de assumir a decisão e poder fazer escolhas.

Esse tipo de vínculo amoroso Zimmermann nomeou como amor tantalizante, aquela relação que tem como característica um caráter obsessivo, que não ata nem desata, mas é consumida, corroída pelo tempo, em uma angústia incessante.

NÃO ATA NEM DESATA...

> *Esse tipo de vínculo ou relação amorosa com características de uma situação de aprisionamento que tende à cronificação, nos mesmos moldes de alguma outra forma de adição, consistente num contínuo jogo*

> *perverso de acenos e promessas, de um "dar" seguido de um "retirar", com periódicos términos e reaproximações, recarrega as pilhas desse amor patológico. A relação é doente, o vínculo sadomasoquista, e na imensa maioria das vezes tem uma origem muito antiga, de uma criancinha mendigando para a mãe tantalizante provas de que é amada por ela, que não vai ficar repudiada. Desamada, desamparada e abandonada numa solidão para sempre.*[8]
> **(Os quatro vínculos, Manual de técnica psicanalítica)**

> *Ser humano é ser de escolha e decisão: seu destino não está traçado, a não ser quando escolhe repetir o lugar em que foi colocado na história que o constituiu. Em resumo, trata-se de repetição e reinvenção, "não há uma sem a outra".*[9]
> **(Mauro Mendes Dias, O discurso da estupidez)**

Em *Psicologia das massas e análise do eu*, Freud nos adverte que podemos articular com as experiências amorosas que temos razão quando adoecemos, seja pelo desamor que a fonte de nosso sofrimento não deve ser tratada com desprezo, mas talvez como um adversário respeitável; e uma parte de nosso ser tem boas razões para se apresentar de tal maneira e com isso podemos, quem sabe, obter ensinamentos sobre nós preciosos para o futuro. Ferreira Gullar, no poema Traduzir-se, escreve:

Uma parte de mim

> *pesa, pondera;*
> *outra parte*
> *delira.*
>
> *Uma parte de mim*
> *almoça e janta;*
> *outra parte*
> *se espanta.*
>
> *Uma parte de mim*
> *é permanente;*
> *outra parte*
> *se sabe de repente.*
>
> *Uma parte de mim*
> *é só vertigem;*
> *outra parte,*
> *linguagem.*
>
> *Traduzir-se uma parte*
> *na outra parte*
> *— que é uma questão*
> *de vida ou morte —*
> *será arte?*[10]
> *(Traduzir-se)*

Quem sabe assim podemos nos traduzir na arte do encontro, reinventar a nós mesmos para então amar melhor. Talvez seja o amor uma arte.

> *Abriu minha visão o jeito que o amor*
> *Tocando o pé no chão, alcança as estrelas*
> *Tem poder de mover as montanhas*
> *Quando quer acontecer, derruba as barreiras*
> **(Canção de Roupa Nova)**

Referências

1. PLATÃO. *O banquete.*
2. PLATÃO. *O banquete.*
3. MILLER, J. Entrevista a Hanna Waar, *Psychologies Magazine*, 2008.
4. MORAES, V. *Para viver um grande amor.*
5. ARENDT, H. *A condição humana.*
6. LISPECTOR, C. *Um sopro de vida.*
7. BLÉVIS, M. *O ciúme e suas delícias.*
8. ZIMMERMANN, D. E. *Os quatro vínculos: manual de técnica psicanalítica.*
9. DIAS, M. M. *O discurso da estupidez.*
10. GULLAR, F. *Traduzir-se.*

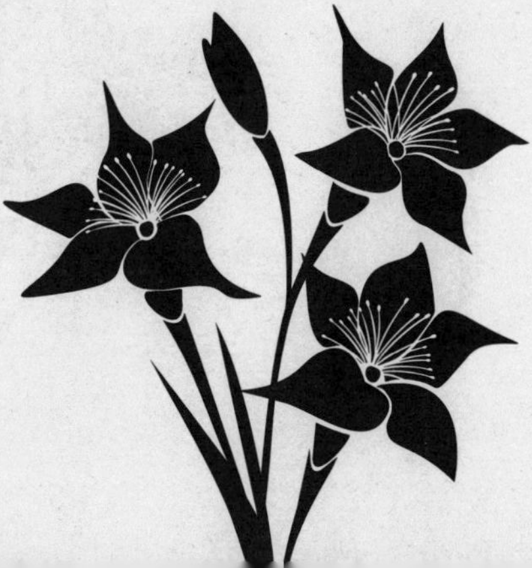

CAPÍTULO 8

CHEGA DE FALAR DE AMOR?

Um tanto ousada a proposta de escrever sobre o amor e a clínica psicológica a dois, por dois profissionais a quatro mãos, duas mentes intrépidas e dois corações pulsantes pelo amor ao saber; pela transmissão de conhecimento decidem por meio da literatura, da arte e da poesia articular sobre a força do amor e as mais expressivas demandas do sofrimento humano advindos dele. A tarefa não nos foi fácil. Insistimos em manter a pessoalidade de cada um e em sustentar a nossa própria voz individualmente, para juntos construirmos algo de virtuoso e belo em uma única voz, num tom harmonioso do encontro por meio da amizade, do respeito e da ética pelo cuidado. Somando as inspirações clínicas sobre o olhar psicanalítico para além dele, escrever e deixar-nos inscrever e oferecer ao leitor não somente conhecimento, mas uma experiência que convoque cada pessoa a olhar para si e ser tocada pela própria experiência de amor e humanidade por meio de tantos outros com os quais nos relacionamos.

As histórias contadas nos casos, frases, trechos etc. são, a um só tempo, de um paciente e nenhum paciente; afinal, não poderíamos descrever casos atendidos aqui na sua literalidade. Isso seria uma falta com a ética do sigilo da nossa profissão. Assim, cada personagem (e história) é um pouco de cada paciente, mas também um pouco de tantos personagens com quem cruzamos pela vida, assim como nas ficções, e claro, um pouco nosso, um pouco das experiências amorosas que cada um de nós vivemos em nossas vidas privadas e compartilhadas. Essa "mistura" também ficou presente na apresentação do texto. Como dito na introdução do livro, nosso objetivo em nenhum momento foi tomar *O banquete* como um estudo filosófico, ou uma análise psicanalítica de cada personagem, mas cada um de nós associou livremente após a leitura de cada discurso; e tal qual acontece numa sessão de análise, escrevemos livremente um trecho d'*O banquete* que foi associado a uma questão teórica, e essa por sua vez lembrou o trecho de uma música, e dessa música um caso apareceu em mente. A ideia inclusive foi deixar o texto com esses momentos misturados em que não é possível saber quem está falando naquele momento, no melhor estilo "espaço potencial". Algo de um autor, outra coisa do outro autor, e a terceira área em que estão ambos, o "entre", e aproveitando a polissemia, entre você também no texto; que você possa ter se visto nas situações, seja como paciente, seja como Psi; que as músicas possam ter tocado você, que de alguma forma o livro possa ajudá-lo a amar melhor.

O amor é um sintoma, como foi dito em um dos capítulos, e o final de uma análise é a construção de um saber o que fazer com o sintoma, ou o destino criativo do sintoma. Pois bem, esse saber fazer nunca será um saber fixo, mas um desejo de saber mais; assim como o destino, não como um lugar a se chegar, mas um lugar a buscar. Alguém pode perguntar nessa hora: fazer análise para ao final não se livrar do sintoma? Em resposta, poderíamos dizer: quem quer se livrar do amor? Tanto amamos e tanto fazemos análise para chegar ao lugar inicial, ou, pelo menos, que está lá desde o começo.

> *Não deixaremos de explorar e,
> ao término da nossa exploração, devemos chegar ao ponto
> de partida e conhecer esse lugar pela primeira vez.*[1]
> **(T.S. Eliot)**

Nossa conversa não acaba por aqui nestas últimas linhas, desejamos que ela seja um "*continuum*" a cada um de vocês. Assim, ao fechar este livro, a posteridade poderá dar lugar ao renascimento e à renovação de algo. Esta é a nossa aposta, pois é este o brilhantismo da força imperiosa de Eros. Compreendemos neste percurso que a necessidade de mutualidade pode ser um recuo à alteridade e que no amor o que perdura é a mutabilidade, nossa capacidade de transformarmos a nós mesmos e as nossas relações com o outro. Embora diariamente estejamos a sós com nossos pacientes, a sustentação da clínica não se faz de modo individual, se faz sempre com um outro. A relação com nossos pares é imprescindível, tão importante quanto o estudo da teoria, supervisão, nossa própria análise e grupos de estudos para não nos obscurecer a técnica – somado ao desejo por escutar cada pessoa, que é o chão de onde brota o amor por cada um que confia a nós suas dores e suas inquietações na relação de transferência, na relação com amor.

Este livro é um prelúdio em que não buscamos a determinação ou uma resposta que esgote a nossa curiosidade pelo saber, por escutar cada pessoa na intimidade de suas palavras portadoras de histórias e anseios em amar e sentir-se amadas, na poesia de seu vasto mundo interior. Continuamos apostando em um mundo mais amável sobre a força do amor, a começar por cada um de nós. Como canta Gal Costa, "a vida é amiga da arte"; e que esta força estranha que nos instiga a escrever sobre o amor, sobre falar de amor na clínica e na vida, sirva de combustível em uma sociedade em que somente a pulsão de vida poderá nos livrar do padecimento e da corrosão do mal-estar que se faz em nome do amor. Acreditando fortemente que o amor nos cura, apostando na arte e no saber.

> *Talvez a aliança entre o amor e a paz seja um bem precioso demais para ser vivido por seres incompletos, divididos, frágeis e mortais. Mas outra canção com Tom, "Amar em paz", fala do sofrimento e da aflição que se apagam quando o sentimento se renova e com ele ressurge a "razão de viver e de amar em paz e não sofrer mais".[2]*
> (***Todo amor*, Vinicius de Moraes)**

O Amor cura!

Referências

1. ELIOT, T. S. *Poemas.*
2. MORAES, V. *Todo amor.*